AF461318

MEMOIRES
DU CHEVALIER
D'ERBAN.
PREMIERE PARTIE.

A LONDRES,
Et ſe trouve à Paris,
Chez DUCHESNE, Libraire, rue Saint
Jacques, au-deſſous de la Fontaine
S. Benoît, au Temple du Goût.

M. DCC. LV.

MEMOIRES DU CHEVALIER D'ERBAN.

PREMIERE PARTIE.

ERS le milieu du regne célébre de Louis XIV, Mrs. de Salvins Capitaines dans un même Regiment de Cavalerie se trouverent en garnison à Poitiers ; le Traité de *Nimégue* en 1678 venoit d'être signé par une partie des ennemis de la France, & promettoit à ces deux freres la liberté de jouir tranquillement des premiers fruits d'une paix qui devoit aſſurer à leur Roi le titre immortel de Louis le Grand.

La conformité des états & des caractères, le même penchant aux plaiſirs, & ſurtout à la galanterie, uniſſoient Mrs. de Salvins d'une amitié tendre, à laquelle les liens du ſang n'avoient que la moindre part. L'hyver & même une partie de l'été ſe paſſerent dans des plaiſirs aſſez vifs. Mais leur Regiment ayant été commandé vers les bords du Rhin, que l'obſtination de l'Empereur, à ne point accéder au traité, couvroit encore de nos armes; il fallut ſe diſpoſer à un départ fixé à très-peu de jours.

Après avoir recueilli les larmes de leurs Maîtreſſes & les regrets de leurs amis, ils ne ſongerent plus qu'à remplir des devoirs que la legereté de la Nation Françoiſe ne l'a jamais empêchée de regarder comme les plus ſacrés & les plus chers. Mais quelle fut la ſurpriſe de ces deux freres, lorſque la derniére nuit qu'ils paſſoient à Poitiers, ils furent reveillés par des cris aigus & multipliés qui les arracherent de leur lit. M. de Salvins l'aîné, fut le premier qui ſe jettant à la porte de ſa chambre, apperçut en l'ouvrant un enfant qu'on venoit d'y expoſer. Emû d'une eſpéce d'effroi que cette barbarie excita tout-à coup dans ſon cœur. Ah mon frere! quelle cruauté! auſſi-tôt le jeune Salvins approche, il prend l'innocente Victime entre ſes bras, il regarde ſon frere, qui de ſon côté revenu de ſon trouble l'examinoit avec attention. Ils rentrent dans leur appartement ſans oſer dire un mot. Ils ſe regardent encore,

& leur ſilence ne fut interrompu que par un éclat de rire auquel ils ne purent s'empêcher de ſe livrer tous deux.

Las de ſe renvoyer mutuellement cette avanture romaneſque & de ſe reprocher leur diſſimulation ſans pouvoir tirer l'aveu d'un ſecret qu'ils croioient dépendre d'eux, ils prirent ſur le champ une réſolution digne de leur généreuſe amitié. Ce fut de ſe charger à fraix communs de cet enfant abandonné à leurs ſoins. Chacun crut de bonne foi rendre au ſang de ſon frere ce qu'il donnoit à la pitié ; & l'on n'inſiſta plus ſur une confidence qu'on eſperoit obtenir du tems & de l'amitié.

Je ſuis ce malheureux enfant privé de mon état en naiſſant, & jetté dans les bras d'une famille, où j'ai porté long-tems le trouble & la douleur ſans avoir cependant deshonnoré ſon adoption. Ce fut au premier malheur de ma vie, la ſource de tous ceux qui l'ont ſi cruellement déchiré, que je dus la triſte connoiſſance de ce que j'ai dit de moi & de ce qui me reſte encore à dire de ces premiers tems qui ne ſont rien pour nous; puiſqu'ils laiſſent ſi peu de traces d'eux-mêmes dans notre mémoire.

La propreté & même la richeſſe des langes dont j'étois environné donnerent à Mrs. de Salvins quelque conſidération pour moi, ſans qu'ils puſſent rien comprendre au procédé d'une mere aſſez inhumaine pour expoſer ainſi le fruit de ſes amours. Comme on ne trouva rien qui aſſura que j'avois reçu le Baptême, la premiére attention de ces généreux freres fut de me faire porter à l'Egliſe. On me trouva bientôt une

Nourice ; & un Commerçant de la Ville à qui Mrs de Salvins consignerent une somme d'argent en présence de deux Ecclésiastiques, fut chargé de veiller à tous mes besoins. Messieurs de Salvins avoient cru, par respect l'un pour l'autre, devoir mettre à cette affaire tout le secret dont elle étoit susceptible, & ils avoient bâti ensemble un Roman qui étoit toute idée d'exposition & de galanterie par rapport à moi.

Mes Bienfaiteurs furent occupés de ces soins un jour entier. Le Regiment partit sans eux, & ils le rejoignirent le lendemain à 5 à 6 lieues de Poitiers ; enchantés mutuellement de s'être donné dans cette circonstance des preuves d'un attachement si rare entre des freres.

A peine étoient-ils arrivés au camp que le jeune Salvins qui avoit toujours eu dans le caractére une certaine hauteur qu'il se connoissoit lui-même & dont il n'avoit pû se corriger, se fit une querelle qu'il fallut éteindre par le sang; le premier objet qui frapa les yeux du Marquis de Salvins en entrant dans sa tente, ce fut son frere qu'on venoit d'y rapporter percé de deux coups d'épée.

Il respiroit encore, il vit le trouble & les larmes du Marquis, il lui tendit les mains; mais la mort étoit déja sur ses levres, & passa bientôt à son cœur. Il expira sans avoir pû prononcer un seul mot.

M. de Salvins désespéré de la mort affreuse d'un frere qu'il aimoit si tendrement ne songea qu'à en tirer vengeance: mais comme l'affaire n'avoit été connue que d'un très-petit nombre de gens assez sensés pour craindre que leur indiſcretion ne la perpetuât, il ne put parvenir à s'aſſurer ni de la nature de la querelle ni du nom de celui qui l'avoit privé pour jamais du Chevalier. Ce qui lui rendit encore ſa perte plus ſenſible, ce fut l'embarras où il ſe trouvoit à mon égard. Il ſe voyoit chargé d'un enfant dont il n'avoit pû pénétrer la naiſſance. L'obſtination du Chevalier à le croire lui-même l'Auteur de ma vie lui donnoit malgré lui quelques incertitudes. Mais la crainte de manquer au ſang de ſon frere les étouffoit bientôt, & le décidoit pour le parti le plus ſûr.

Il ſe rappelloit d'ailleurs quelques circonſtances qu'il croit déciſives ſur mon état. Au moment où l'effroi que je lui avois cauſé lorſqu'il me vit expoſé à la porte de ſa chambre, l'avoit fait appeller le Chevalier. Il l'avoit vû ſur le champ me prendre entre ſes bras, me regarder avec une tendreſſe qu'il avoit bien remarquée dans ſes yeux. C'étoit lui qui pour mettre fin aux plaiſanteries qu'ils ſe faiſoient alors avoit propoſé cet expédient de partager entre eux les ſoins de mon éducation. Rien n'étoit égal à l'empreſſement avec lequel il avoit pourvû à tout ce qui pouvoit m'être néceſſaire. C'étoit ſans doute pour lui dévoiler ce ſecret qu'à l'inſtant cruel de ſa mort il avoit fait de vains efforts pour lui parler. Ajoutez à cela que Mademoiſelle de Brianges auprès de laquelle le Chevalier avoit paſſé la plus grande partie de ſon hyver à Poitiers, avoit diſparu tout-à-coup quelque tems auparavant leur départ de cette Ville. Tout cela ne permit plus au Marquis de douter un moment de l'obligation où il ſe croioit de me traiter comme ſon neveu.

Ce fut dans ces diſpoſitions que M. de Salvins après la Campagne s'empreſſa de retourner à Poitiers. Son Regiment n'y revint plus, mais il étoit de la Province ; & la tendreſſe qu'il avoit pour le ſeul gage qui lui reſtoit de ſon frere auroit ſuffi pour le rappeller dans cette Ville.

Dans l'heureuſe prévention où il étoit, il me trouvoit chaque jour quelque nouvelle reſſemblance avec le Chevalier de Salvins, & toutes ſes conjectures ſe changerent en certitude.

Mademoiſelle de Brianges ſur laquelle il avoit de violents ſoupçons étoit morte depuis quelques mois, & par conſéquent il n'y avoit rien à découvrir de ce côté-là. Il ne ſongea donc plus qu'à me traiter comme le fils naturel de ſon frere ; & le même Commerçant à qui on s'étoit confié six mois auparavant, continua de m'élever chez lui, sous le nom du Chevalier d'Erban. Forcé de parler encore de mon enfance, je dois dire qu'on me trouvoit heureusement une partie de ces premiéres graces qui peuvent la rendre aimable ; & qu'à mesure que ces agréments se développoient, j'avois tout lieu de m'appercevoir que M. de Salvins s'attachoit de plus en plus à moi.

En 1679. la paix enfin signée avec l'Empereur presque une année & demie après le traité fait avec nos autres ennemis, rendit le calme à toute l'Europe, & la liberté au Marquis de Salvins. Il avoit esperé que des services qu'il avoit eu le bonheur de rendre célébres dans un emploi subalterne appuyeroient encore auprès du Ministre les droits de sa naissance.

Mais le mécontentement où il fut à cet égard lui fit prendre le parti de quitter un mêtier, dont il avoit fait jusques-là ses plaisirs & son bonheur.

M. de Salvins d'un caractère droit, mais indépendant n'étoit pas né pour l'ambition. Il ne l'avoit sentie que par ce qu'elle étoit essentiellement liée à l'honneur de la profession qu'il avoit choisie. Dès que le dégout qu'il venoit d'essuier lui eut fait appercevoir les charmes de la liberté, il sentit qu'il s'étoit peu connu jusqu'alors & ne songea plus qu'à courir aux sources du bonheur que son imagination lui présentoit. Son emploi fut bientôt vendu, & libre desormais il laissa croître paisiblement dans son cœur le germe d'une espéce de Philosophie qu'il y avoit toujours renfermée.

Moins petulant, moins vif que

le Chevalier ſon frere, il avoit cependant une de ces ames ſenſibles dont les événemens altérent quelquefois la raiſon avec facilité : mais la refléxion le ramenoit bientôt à lui-même. Il ſavoit que c'étoit de la tranquilité de ſon eſprit que dépendoit ſa ſageſſe, & toute ſon étude étoit d'acquerir cet heureux dégré d'indifference qui laiſſe la liberté de ſe déterminer pour le parti le plus ſûr & le plus raiſonnable dans toutes les choſes de la vie. On ne ſurmonte pas toujours la nature, mais on parvient à la corriger. C'eſt être bien peu éloigné de la vertu & bien digne de la poſſeder que d'être toujours en garde contre les vices de ſon caractère.

M. de Salvins qui juſques-là avoit été plus galant qu'amoureux n'imaginoit pas qu'il dût ſonger ſi-tôt à un établiſſement, lorſque ayant vû Mlle. De Forgues, il se sentit intéressé plus vivement qu'il ne l'avoit encore été.

Les charmes de la figure & de l'esprit embellissoient également cette jeune personne; mais on la vantoit encore plus par le caractére de douceur & de bonté qui la faisoit adorer de tout le monde. M. de Salvins dont la fortune & la naissance étoient des titres suffisants pour le faire préférer à tous ses concurrents par le Pere de Mlle. De Forgues ne fut pas long-tems à s'appercevoir que ses soupirs ne déplaisoient pas. Une façon singulière de penser lui fit imaginer qu'il devoit la respecter assez pour ne point en exiger l'aveu avant d'avoir obtenu sa main. Le mariage fut proposé, & bientôt il se vit le plus heureux des hommes; il faisoit le bonheur d'une femme aimable, qui lui fit préférer le séjour de la terre où il l'avoit conduite à toutes les Villes qu'il avoit parcourues jusqu'alors.

Un fils & une fille qui composerent sa famille en moins de deux ans redoublerent encore sa tendresse pour une Epouse qui ne connoissoit rien d'heureux que la félicité de son Epoux.

Cependant on continuoit mon éducation à Poitiers où mon Bienfaiteur depuis son mariage venoit plus rarement, mais toujours pour me voir & pour me donner sans cesse des marques de sa tendresse. On dit que je promettois beaucoup ; & toutes les lettres que recevoit M de Salvins, lorsque j'étois privé du bonheur de le voir, lui parloient de moi si avantageusement, qu'il s'arrachoit des bras de la plus tendre femme pour être lui-méme témoin de mes petits progrès.

Le nombre des voyages que je lui fis faire n'inquiétoient pas Madame de Salvins ; elle s'imaginoit que ſon Mari peu fait encore à la vie tranquile qu'on mene dans ſes terres, avoit beſoin de quelque diſſipation qu'il alloit chercher à Poitiers ; lorſqu'une femme qui ſans doute avoit quelque raiſon pour mettre le trouble entre le Marquis & ſon Epouſe, écrivit un jour à cette derniére une lettre anonime, où elle lui apprenoit les cauſes ſecrettes de l'amour qu'avoit M. de Salvins pour la Capitale de ſa province. Elle ne pouvoit guéres exagerer la tendreſſe qu'il me témoignoit ; mais l'article des dépenſes que je lui occaſionnois fut groſſi conſidérablement. Il n'en fut pas de même de mon âge, qu'on diminua aſſez pour rendre les ſoupçons affreux. Enfin toutes les réfléxions qu'un enfant caché pouvoit faire naître furent présentées avec tout le poison imaginable & tout l'art dangereux qu'une femme habile, & qui ne rougit point des motifs qui la conduisent, sait si bien employer en pareille circonstance.

Madame de Salvins en lisant cette lettre ne put se défendre de quelque émotion. Elle avoit trop d'amour pour n'être pas aisément troublée ; mais son mari lui avoit inspiré trop de confiance pour que la réfléxion ne lui rendit pas le calme. D'ailleurs la bonté de son cœur lui avoit toujours fait détester ces petits offices clandestins que rend une main inconnue, & qui ont toujours pour objet des choses qu'il seroit plus doux d'ignorer, en supposant même qu'elles fussent vraies.

Elle eut d'abord envie de dépoſer cette lettre dans le cabinet de M. de Salvins ; mais dans la crainte qu'il ne reconnût la main qui l'avoit tracée, elle prit le parti de la jetter au feu, & de lui dire naturellement ce qu'elle contenoit.

M. de Salvins qu'une légére incommodité qui m'étoit ſurvenue avoit retenu cette fois plus de quinze jours à Poitiers ne revit ſa femme qu'en lui demandant mille pardons de la longue abſence qu'il venoit de faire. Vous ne m'en dites point les motifs (lui dit la Marquiſe) & vous ne vous doutez point qu'il ne tient qu'à moi de vous en parler, & d'en concevoir de l'inquiétude. Ecoutez (ajoûta-t'elle) je n'ai pas été la maîtreſſe d'ignorer ce que je ſçais là-deſſus. Il ſeroit affreux que vous me ſoupçonnaſſiez d'avoir fait éclairer votre conduite.

Connoîssez-moi bien, Marquis; de tout ce qui peut troubler notre esprit, la défiance est ce que je hais le plus. Elle est à la fois & trop humiliante & trop cruelle; mais je vous l'avouerai, c'est moins la réfléxion que la nature & l'instinct qui me l'ont rendue si haissable. Que voulez-vous dire, ma chere Marianne? (interrompit M. de Salvins, car il l'appelloit encore du nom qu'elle avoit étant fille) quel motif supposez-vous à mon absence? parlez, vous me voyez embarassé sans être confus. Je vous ai fait un mistére; mais ce mistére est innocent. Votre Epoux n'aura jamais à rougir devant vous. Quand l'amour de mes devoirs ne m'auroit pas toujours été aussi précieux, vous me l'auriez rendu cher. Vous détournez les yeux, ah ciel!... Oui, Marquis (répondit Made. de Salvins) je me reproche de vous avoir parlé d'une chose que vous me cachiez sans doute avec raison. Salvins, (ajouta-t'elle) finissons-là cette conversation, notre bonheur ne veut pas que nous nous en permettions jamais de cette espéce. Vous m'aimez autant que je vous aime : voilà tout ce qu'il faut que je sache, voilà tout ce que j'ai droit de demander. J'ai fait une étourderie, n'en parlons plus. Non, belle Marianne (repliqua le Marquis) non, je ne vous laisse point aller que vous ne m'aiez instruit des avis qu'on vous a donnés sur la conduite du plus fidéle des maris. Vous le voulez, Salvins (répondit la Marquise) : eh bien! Qu'est-ce que cet enfant dont vous prenez tant de soins à Poitiers, qui vous est aussi cher que les nôtres ? De quel âge est-il; car j'avouerai que j'ai peine à croire comme on me l'a écrit qu'il ait vû le jour depuis notre union. Ah belle Marianne ! (interrompit M. de Salvins) quel poiſon a-t'on voulu répandre dans votre ſein ? Quelle horreur ! Je reconnois la main à la perfidie du coup ; mais ne dois-je pas me reprocher de vous y avoir expoſée ? Pourquoi ne vous ai-je point inſtruite du ſort de cet enfant ? Alors il lui raconta tout ce qu'il ſavoit du miſtère de ma naiſſance. Vous voiez mes obligations, lui dit-il. Puis-je rougir de les avoir remplies ? Au contraire mon cher Salvins (répondit la Marquiſe,) vous me pénétrez d'eſtime, & c'eſt par-là que vous rendez tous les jours ma tendreſſe plus vive. Ah ! Salvins, votre cœur eſt bien fait comme je le déſirois. Dût-on m'écrire mille lettres ; ne craignez rien de moi, vous avez de la vertu ; il eſt aiſé de la respecter dans un objet qu'on aime. Mais ne perdons point de tems, Marquis, venez, suivez-moi, je cours à Poitiers embrasser le fils de votre frere. Avec quelques soins qu'on le traite, il est toujours dans des mains étrangeres. L'enfance a des droits sur l'amitié de tous les hommes; mais que cés droits-là sont foibles quelquefois lorsque ceux du sang ne les fortifient point. Je ne puis souffrir le petit d'Erban en d'autres mains que les notres. Accordez moi le plaisir de le voir élever dans notre sein, au milieu de notre famille. Il est bien essentiel pour lui que nous reparions par la meilleure éducation le malheur de sa naissance. A cet égard il doit vous être plus sacré que nos propres enfans. Que vous m'enchantez ! (répondit le Marquis,) est-ce à votre âge, Marianne, qu'on qu'on fait de pareilles refléxions? Un heureux naturel vaut donc la ſageſſe la plus éclairée.

Les ordres furent donnés auſſitôt pour le départ. Le peu d'éloignement qu'il y avoit de la terre qu'habitoit alors le Marquis juſqu'à Poitiers ne retarda pas long-tems le vif empreſſement qu'avoit Made. de Salvins de m'embraſſer. Une Mere auroit été moins tendre, moins careſſante; & quoique je n'euſſe que quatre ans & demi, je ſemblai lui témoigner la plus vive reconnoiſſance des bontés dont elle me combloit. Ma figure & ma vivacité l'avoient enchantée; & je me rappelle encore que cet air de bonté qu'elle avoit dans la phiſionomie avoit intéreſſé ma petite ame, au point que le Marquis quelques jours après diſoit avec tranſport, qu'il ne ſavoit ſi ſon Epouſe avoit reſſenti plus de plaiſir à me careſſer que je n'en avois montré à la ſuivre.

Tout ce qu'on pouvoit offrir à mon âge pour prévenir & pour ſatisfaire ſes gouts incertains & legers m'étoit préſenté chaque jour par Made. de Salvins avec une grace & une amitié qui me rendoient l'enfant le plus heureux du monde. A peine les gens à qui j'avois dû ma premiére éducation à Poitiers revenoient-ils quelquefois à ma mémoire ; & ce n'étoit jamais que pour leur oppoſer les bontés étonnantes de ma nouvelle Maman ; car je faiſois déja tous les petits raiſonnemens que pouvoit me dicter le bonheur que j'avois eu de lui plaire aſſez pour ne m'en plus ſéparer.

Pluſieurs années ſe paſſerent ainſi, ſans que M. de Salvins & ſa charmante Epouſe euſſent aucune raiſon de ſe repentir de leurs bontés pour moi. Leur fils aîné que j'appellois par leur ordre mon bon ami, témoignoit pourtant quelquefois un peu de jalouſie ſur les careſſes qu'on me faiſoit. Les louanges qu'on me donnoit devant lui, l'avoient ſurtout indiſpoſé contre notre Gouverneur commun, qui ſans ceſſe vantoit mes progrès & vouloit qu'il me prit pour modéle. Mais les moments de recréation que nous partagions chaque jour nous rendoit trop néceſſaires l'un à l'autre pour que toute haine ne ceſsât pas alors. J'avois d'ailleurs tant de complaiſance pour ſes fantaiſies qu'il avoit tout l'air de m'aimer au moins une bonne partie de la journée. Peut-être même n'eût-il pas été difficile à M. & à Made. de Salvins de rompre la petite humeur de leur fils contre moi, ſi notre Gouverneur, irréprochable à tous les autres égards, ne s'étoit fait, je ne ſais pourquoi, un devoir de leur cacher avec ſoin toutes les petites ſcenes que produiſoit l'amour propre bleſſé de mon bon ami. Ils nous croioient mutuellement dans la meilleure intelligence du monde, & ne voiant dans mes ſuccès qu'un encouragement utile pour leur fils, ils redoubloient encore de tendreſſe pour moi.

La nomination d'un des proches Parents de M. de Salvins à l'Evêché de Poitiers lui fit naître tout d'un coup l'idée de tourner mon eſprit, s'il étoit poſſible, vers l'état Eccléſiaſtique. Il ne doutoit pas qu'en inſtruiſant le Prélat du ſecret de ma naiſſance, il n'obtint aiſément de lui quelque riche bénéfice ; mais il ſouhaitoit que la propoſition qu'il avoit à me faite de ses nouvelles vûes sur mon compte ne trouvât dans mon cœur aucune repugnance. Made. de Salvins surtout appuioit fort sur la nécessité de me faire approuver cette destination sans aucune espéce de gêne, & voulut se charger de m'en parler la premiére.

D'Erban (me dit-elle un jour) vous touchez bien-tôt à votre seiziéme année, & cet âge dans lequel on n'attendroit point de tout autre que de vous des réfléxions sages & prudentes, vous éclaire déja sur tant de choses étrangeres à vous-même, que je crois devoir rappeller sur ce qui vous regarde votre penchant heureux à réfléchir. Vous n'étes pas né riche, & ce malheur en entraîne si aisément tant d'autres à sa suite, que ma tendresse s'allarme sur votre sort. Vous promettez beaucoup; on doit peut-être attendre tout des diſpoſitions que vous apportez à ce qui fait l'objet de votre étude & de votre application. Mais les talents les plus marqués n'ont pas toujours ſervi au bonheur de ceux qui les poſſedoient. Vous ne connoiſſez pas encore aſſez les hommes parmi leſquels vous allez vivre. Vous ſauriez que l'éclat de la fortune ternit ſouvent à leurs yeux celui du mérite le plus réel. Je ſais un azile reſpectable où vous pouriez fixer votre bonheur, & vous aſſurer des jours tranquiles. Parlez, mon cher d'Erban ; mais parlez avec franchiſe. Auriez-vous quelque repugnance à vous prêter aux vûes de M. de Salvins ? Il peut tout auprès de cet oncle dont vous l'avez entendu parler, & qui vient d'être nommé à l'Evêché de Poitiers. Un bénéfice conſidérable ne nous laiſſeroit plus rien à craindre pour vous du côté de la fortune, & c'eſt de ce côté ſeul que peuvent venir nos inquiétudes. Votre heureux naturel nous répond de vos mœurs. Quelques pures que doivent être celles de l'état que je vous propoſe, vous ne me faites rien appréhender à cet égard; l'eſprit juſte & la raiſon ont toujours rendu tous les devoirs faciles. Vous ne répondez point (ajouta-t'elle) vous baiſſez les yeux, pourquoi me ſerrez-vous les mains? ah d'Erban! n'en parlons plus, j'entends votre ſilence, vous ne goutez point ma propoſition. Je ne la rejette point (lui dis-je en répandant quelques larmes dont je ne démêlois point la cauſe;) mais je vous demande quelque tems pour y réfléchir. Vous n'en avez pas beſoin (me répondit Made. de Salvins) c'eſt à moi de ſentir la force de ces pleurs qui coulent de vos yeux: mais dites-moi, d'Erban, pourquoi cet attendriſſement inutile? Ai-je eu l'air de vouloir vous forcer à un état qui ne peut convenir à tous les hommes? Ah Madame! (lui répondis-je en reprenant ſes mains que j'avois quittées) on ne peut pas mettre plus de douceur & de bonté dans le conſeil que vous venez de me donner; & je me veux du mal de ne pas ſentir dans mon cœur la ſoumiſſion que doit attendre de moi le plus leger de vos deſirs. Il me ſemble que cette répugnance que vous ne démêlés que trop eſt une rébellion affreuſe de ma part. Voilà ſans doute la ſource de mes larmes. Allez Chevalier, (me repondit-elle) je ne ſuis point fâchée contre vous. J'ai ſouhaité de trouver votre cœur diſpoſé à l'état que je vous ai peint. Voilà tout, je ne voudrois avoir rien à me reprocher pour vous en inſpirer le gout. Vous êtes libre, mais ſongez à votre bonheur, il va devenir plus difficile. D'Erban, ſi vous m'aimez autant que je vous aime vous éviterez du moins les écueils fréquents que va vous offrir le monde où vous allez vous préſenter. Votre goût pour la chaſſe & pour la lecture ſont des occupations innocentes ; mais il faut un peu ſonger à l'art de ſe faire aimer. Craignez l'eſprit de retraite que peuvent vous inſpirer ces deux amuſements. Il faut vous faire des reſſources dans les dons que vous a faits la nature. Je ne veux pas vous donner trop d'amour propre, il détruiroit ces dons utiles dont je vous parle, s'il paſſoit certaines bornes. Il ſuffit que vous ſachiez que les autres en ont, & qu'on obtient tout d'eux en leur ſacrifiant celui qu'on peut avoir. Voilà le ſecret de cet art de plaire dont vous parle quelquefois Monſieur de Salvins, & pour lequel vous avez apporté en naiſſant des diſpoſitions ſi favorables. Je vais faire part à mon mari, ajouta-t'elle de la converſation que nous venons d'avoir enſemble. Il vous aime autant que moi, & il verra ſans chagrin qu'il faut ſonger à un autre établiſſement pour vous. Le ſervice eſt le ſeul auquel vous puiſſiez ſonger. S'il m'en croit, il me fera le chagrin de me ſeparer de vous. Le tems preſſe, on ne ſauroit trop tôt prendre le mêtier des armes.

Ces dernieres paroles de Made. de Salvins me jetterent dans un trouble que je cherchai à examiner dès qu'elle m'eut quitté.

Je me demandai plusieurs fois pourquoi ce mot de séparation m'avoit paru si affreux, lorsque Lucide traversant l'appartement commun où m'avoit laissé sa mere sembla me dévoiler le secret de mon ame. Je crus sentir tout à coup que c'étoit à elle que je devois l'effroi de la séparation dont on m'avoit parlé. Quoi (me disois-je) seroit-ce Lucide qui causeroit l'agitation où je suis ? Que deviendrois-je ? O dieux ! s'il ne me restoit pas encore quelque raisons de douter d'un pareil malheur : comment soutiendrois-je les regards de M. & de Mad. de Salvins ? Comment soutiendrois-je ceux de Lucide même ? Mais je le sens trop, ajoutois-je, c'est à moi à demander à M. de Salvins qu'il m'éloigne de ces lieux ; je puis devenir un ingrat, si je reste ici plus long-tems.

Fuyons.... Un torrent de larmes innonda mes yeux auſſitôt. La crainte d'être apperçû par quelqu'un en cet état me les fit eſſuier & ſans ſavoir où j'allois, je me trouvai près de l'appartement de Lucide. Je l'entendis ſoupirer, je m'arrêtai. Sa Gouvernante à qui elle avoit inſpiré un amour auſſi tendre; mais plus dangereux que celui d'une mere, la tenoit dans ſes bras tremblants encore de la foibleſſe que venoit d'avoir ſon Eléve. Lucide, lui diſoit-elle, vous avez mal entendu, vous vous êtes allarmée trop tôt & peut-être ſans raiſon. Non, ma bonne (répondit Lucide) non, il n'eſt que trop vrai que nous allons être ſeparés, ma Mere le lui diſoit tout à l'heure; c'eſt par-là qu'a fini la converſation qu'elle a eue avec lui, & que j'ai malheureuſement entendue. C'en eſt fait il va partir, vous dis-je. A ces mots qui me faiſoient douter ſi je veillois, ſi c'étoit bien Lucide que j'entendois, je ſentis mes forces m'abandonner; & ſans perdre tout à fait connoiſſance, je ne pus m'aſſurer une ſituation. Il fallut ceder à l'eſpéce de foudre qui venoit de me fraper; car c'eſt ſous une image auſſi cruelle que les réfléxions que je venois de faire me préſenterent l'idée de n'être pas indifferent à Lucide.

Ma chute avoit fait aſſez de bruit pour être entendue de la chambre prochaine; & la vûe de Lucide & de ſa Gouvernante me firent faire ſur le champ un aſſez grand effort ſur moi-même pour me relever avec une ſorte de gaieté & de plaiſanterie ſur ma maladreſſe. Lucide en me voiant par terre avoit fait un cri, dont ſa bonne avoit retenu l'éclat en lui portant la main ſur la bouche,

La vîtesse avec laquelle je me relevai, & l'air de badinage que j'affectai la rassurerent un peu. Sa Gouvernante cependant qui vit un air de contrainte sur mon visage me pria d'entrer dans sa chambre pour y remettre mes sens. J'hésitai, je regardai Lucide, & je me laissois entraîner par la Caran (c'étoit le nom de la Gouvernante) lorsqu'un nouveau cri de Lucide qui me suivoit nous effraia tous deux. Ah ma bonne ! (s'écria-t'elle) soutenez-moi, je me meurs ; il nous trompoit, il est couvert de sang. Quelque effroi que dût me donner pour moi-même ce que venoit de dire Lucide, je ne m'occupai que des secours dont elle pouvoit avoir besoin. La Caran troublée partageoit ses regards attendris entre son éleve & moi, lorsque Lucide sembla revenir tout à coup pour la gronder de la cruauté qu'il y avoit à ne pas appeller du ſecours. Ce fut alors que portant la main ſur les boucles de mes cheveux je les ſentis humides & peſantes; une pâleur ſubite s'empara de mon viſage. La Caran ſe leva auſſi-tôt pour voir elle-même de quoi il étoit queſtion : effrayée de ce nouveau ſpectacle, elle conjure Lucide de ſe jetter ſur ſon lit, & de ſouffrir qu'elle me conduiſe ſeule juſqu'à l'autre aîle du bâtiment où j'étois logé. Elle y conſentit, & je ſortis de ſa chambre en la remerciant de l'interêt qu'elle avoit pris à mon accident. Nos yeux ſe rencontrerent & ſe baiſſerent en même-tems.

A peine avions-nous fait quelques pas, que la Caran apperçevant deux domeſtiques de M. de Salvins qui traverſoient la cour les appella, me remit entre leurs bras, & me ſerrant la main me dit devant eux qu'une affaire pressée la rappelloit ; c'étoit à Lucide qu'elle couroit, & c'étoit m'obliger bien plus que de m'accompagner jusqu'à mon appartement.

Ma blessure parut assez considérable au Chirurgien de la maison pour m'ordonner de garder le lit. La fiévre qui vint allumer mon sang après le premier appareil, rendit pendant quelques jours mon état assez dangereux. Plus de tranquilité dans l'ame eût été sans doute nécessaire pour une guérison plus prompte. Mais l'image de Lucide, ce que j'avois entendu d'elle, se peignoit sans cesse à mes sens, & me causoit quelquefois des agitations si violentes qu'elles déconcertoient l'art & l'espérance des Médecins qu'on avoit fait venir. Mes inquiétudes sur Lucide ne m'abandonnoient pas un instant. Il n'y avoit personné autour de moi à qui je pusse me confier pour en savoir des nouvelles. Tant de trouble me mit enfin à deux doigts de la mort ; les courts intervales que les douleurs laissoient à ma pensée, n'avoient pour objet que la curiosité de savoir ce que faisoit Lucide, ce qu'operoit sur son cœur la crainte de me perdre. J'appréhendois quelquefois qu'elle ne se trahit ; & quelquefois je croiois m'être trompé, lorsque je songeois qu'elle n'avoit point paru dans mon appartement, & que la Caran ne s'étoit pas même une seule fois approchée de moi.

La nature prit un peu le dessus & je vis dans les yeux de M. & de Mad. de Salvins qui m'entouroient presque tou ours quelques rayons d'espérance. Pour leur fils il ne m'avoit jamais paru touché un instant de mon état. Ce n'avoit été qu'à force de priéres & de reproches qu'on l'avoit engagé à rester quelques heures auprès de moi. Sa haine secrette s'étoit même augmentée par l'intérêt qu'avoient pris à mon sort le Marquis son Pere & sa respectable Epouse.

Il fut bientôt décidé que j'étois tout à fait hors de danger ; & j'eus lieu de m'appercevoir dans les premiers moments de ma convalescence, de la tendresse vive qu'avoient pour moi M. & Mad. de Salvins. Hélas ! tant de bonté de leur part m'eût peut-être assez effraié sur le danger de leur déplaire pour me forcer à en éviter toutes les occasions, si la trop grande facilité de la Caran ne m'eût aidé à tomber au fond du précipice que ma raison n'éloignoit que trop foiblement de mes yeux.

La Caran étoit une de ces femmes toutes rondes, dont la foiblesse & la bonté forment le caractère; elle aimoit l'honneur & la vertu, mais elle aimoit encore plus sa jeune Eléve. Le charme qu'elle trouvoit à s'en faire aimer l'avoit conduite naturellement à la complaisance la plus outrée: elle ne pensoit plus que par Lucide, & n'avoit plus de cœur, de sentiment, d'esprit que pour elle. Il est vrai que la fille de M. de Salvins réunissoit tous les talents de plaire: ingénue, douce & tendre pour le caractère, un modéle achevé pour les graces, de la figure, telle étoit Lucide. Eh! comment sa bonne ne l'eût-elle pas adorée?

Quelle fut ma surprise, la premiére nuit qu'on avoit cessé de me veiller, de voir entrer la Caran dans ma chambre une lumiére à la main. Eh bien! M. le Chevalier (me dit-elle en s'approchant de mon lit) vous voilà bien étonné. Vraiment vous auriez eu cette ſurpriſe-là il y a bien long-tems, ſi j'avois oſé faire la démarche que je fais aujourd'hui; & ſurtout ſi je n'avois pas craint de troubler le repos que demandoit votre ſituation. Ah chere bonne! (lui dis-je en la forçant de s'aſſeoir auprès de moi, & en lui prenant ſes groſſes mains qu'elle m'abandonnoit) peut-être m'auriez-vous plutôt rendu la vie. Vous auriez donc été bien cruel, (me répondit la Caran;) car je n'avois point de bonnes nouvelles à vous apprendre. Ma pauvre Lucide m'a bien fait trembler auſſi de ſon côté; & il n'y a guéres que le moment où on nous a promis votre entiére guériſon que j'ai pû eſperer un peu d'elle. Que me dites-vous? (interrompis-je) Quoi Lucide!.... a bien le cœur trop bon, dit-elle. Ce ſang qu'elle avoit vû ſur les boucles de vos cheveux a penſé me l'enlever. M. le Chevalier, mais dites-moi, (ajouta-t'elle en eſſuiant les pleurs dont elle avoit accompagné ces derniers mots,) que faiſiez-vous auprès de l'appartement de Lucide, lorſque vous vous y laiſſates tomber ? Je gage que vous nous écoutiez ? Parlez-moi en honnête garçon, j'ai cela dans la tête, & il n'y a que ma pauvre Lucide qui n'en veuille rien croire. Ne me trompez pas, mon cher enfant, je vous en prie, là dites-moi ce qui en eſt. Eh bien ! je l'avouerai (lui dis-je) le hazard m'avoit conduit ſur l'eſcalier de votre appartement, j'entendis Lucide ſoupirer. Je m'arrêtai.... & vous écoutates tout ce qu'elle diſoit de vous (reprit la Caran.) Cela vous alla au cœur;

elle venoit de tomber en foibleſſe de ſon côté, vous tombates du vôtre, il n'y avoit perſonne pour vous ſoutenir : voilà juſtement le nœud de l'affaire. Ces pauvres enfans, comme c'eſt merveilleux; ſans s'être jamais dit un petit mot. Allez, allez, vous avez manqué de mourir l'un pour l'autre ; Dieu ſoit loué, cela n'arrivera pas, & il ne faut pas que cela arrive aſſurement. Que dites-vous la Bonne ? (interrompis-je.) Quoi Lucide.... eſt enſorcelée faut-il dire (répondit la Caran) ; elle m'arrache l'ame, parce qu'elle ne veut pas que vous l'aimiez auſſi, quelque choſe que je lui diſe. J'ai beau lui rappeller toutes les promenades que vous faites depuis un an, ſans faire ſemblant de rien, dans le jardin du côté de nos fenêtres qui eſt juſtement le côté le plus triſte, celui où il ne va perſonne ; elle dit que tout cela vient de ce que vous êtes ſérieux naturellement. Je ne ſais pas où elle va prendre à quatorze ans les raiſons qu'elle imagine pour ſe chagriner. Oh ! il faut l'avouer, je me repentirai longtems d'avoir pris dans la chambre de Monſieur tous les livres que cette petite fille-là me liſoit quelquefois pendant la nuit. Je paye bien toute la récréation que cela me faiſoit ; car il eſt ſûr qu'elle n'auroit pas tant d'eſprit ſans toutes ces hiſtoires-là. N'eſt-il pas vrai, mon pauvre d'Erban, que c'eſt moi qui ai raiſon, & que vous avez pour Lucide.... N'achevez pas la Bonne (interrompis-je.) Eſt-ce à moi de l'aimer, à moi qui ne connois point mon ſort, qui doit tout à M. & à Mad. de Salvins ? Si je ne ſuis pas ſans quelque naiſſance, je ſuis au moins ſans fortune. Pouvez-vous ne pas voir les dangers affreux d'une pareille passion? Vous aurez donc en aimant Lucide aussi tendrement que vous faites, vous aurez, dis-je, été la cause de son malheur. Ah bon Dieu (répondit la Caran) ce que vous me contez-là me fait trembler M. le Chevalier. Pourquoi donc ne me suis-je pas seule doutée d'un mot de tout ce que vous me dites là-dessus? Eh mais vraiment, Madlle. Lucide est faite pour un gros parti, vous n'êtes rien encore vous, & on ne sait pas ce que vous serez. Cela ne va guéres bien ensemble, il ne faut pas que tout soit d'un côté & rien de l'autre; les parents n'aiment pas ces marchés-là. Oh! je faisois de belles affaires avec mon badinage; car il faut être de bonne foi. Il y a longtems que j'amuse Mlle. Lucide de votre figure. Je lui disois, ne sachant que lui

lui dire toute la journée, que vous êtiez charmant, que je voulois qu'elle vous aimât; & puis je l'appellois votre petite femme, & vous ſon petit époux, cela nous divertiſſoit bien innocemment. Vous nous lorgniez quelquefois, & nous vous regardions, & tout cela pour rire & par maniére de paſſe-tems. Point du tout, le ſerieux s'en mêle, on ne ſçait comment. Ah ma pauvre Lucide! il faudra s'en dédire, il ne ſera pas vrai que je vous aurai cauſé de la peine. Aidez-moi à raccommoder tout cela M. le Chevalier. Si vous lui écriviez un petit mot, vous lui diriez mieux que moi de ne pas vous aimer; car je n'ai pas la force de la contredire en rien. Il le faut pourtant (lui répondis-je) j'adore Lucide, je le ſens bien; & je vous conſeille de la détourner du penchant qu'elle pouroit avoir à m'aimer. C'eſt un effort affreux que je fais ſur moi-même, j'en mourrai peut-être ; mais c'eſt de ſon bonheur que vous & moi devons nous occuper. Sa félicité eſt de garder ſon cœur pour l'époux que lui deſtineront un jour ſes Parents, & je ne ſçaurois être cet époux. Oh ! pour cela non (dit la Caran); voilà la vie du monde, rien n'y va que de travers. Ma pauvre chere Lucide & vous, vous aurez beau vous aimer, vous ſeriez preſque auſſi avancés pour vous unir quand vous vous hairiez. Allons, je m'en vais, Monſieur le Chevalier ; prenez que je ne vous ai rien dit, que je ne vous ai pas vû ſeulement. Lucide ne ſait pas la viſite que je vous ai faite. Si elle vient me dire encore demain que vous ne l'aimez pas, je tirerai de cette idée-là, le meilleur parti que je pourrai. En même - tems elle reprit ſa lumiére , & me laiſſa après cette longue converſation dans le trouble ſucceſſivement le plus doux & le plus cruel que j'euſſe encore éprouvé de ma vie.

Je ne pouvois plus douter du bonheur d'être aimé de Lucide, mais une paſſion ſi vive & ſi décidée à 14 ans pouvoit devoir beaucoup de ſa chaleur aux badinages dangereux de l'indiſcrette Caran. N'avois-je pas à craindre que la réfléxion ſe fortifiant tous les jours chez Lucide n'éteignit dans ſon cœur un feu ſi legerement allumé ? Et quel ſuccès d'ailleurs pouvoit avoir cet amour, ſuppoſé que l'âge ne fit que l'augmenter ? Je trouvois en même tems un plaiſir vertueux à avoir parlé à la Caran, contre mes propres intérêts, & tout-à-coup ce plaiſir ſe changeoit en une amertume affreuſe.

Je ſentois qu'il m'étoit impoſſible de vivre ſans Lucide, je me faiſois fraieur par le tableau de mon ingratitude envers M & Madame de Salvins ; car je voiois dès lors ma vertu ceder à ma foibleſſe.

Je ne l'éprouvai que trop par les premiéres ſorties que ma convaleſcence me permit de faire. J'en avois hâté les moments autant que j'avois pû, & je n'en profitai que pour paſſer cent fois au bas des fenêtres de Lucide, en combattant toujours contre moi-même. Il n'étoit que trop vrai, comme me l'avoit dit la Caran, que depuis un an cet endroit du jardin m'étoit devenu le plus cher; mais je n'avois jamais ſongé à me rendre compte du penchant qui m'y attiroit. Le mot de ſéparation qu'avoit prononcé Made. de Salvins dans notre converſation avoit été le premier trait de lumiére qui m'avoit éclairé là-dessus.

La tristesse qu'on remarquoit en moi, malgré ma parfaite guérison faisoit appréhender, à ce que je compris dans la suite, que mon funeste accident n'eût laissé d'horribles suites, en altérant ma raison. Madame de Salvins n'épargna rien pour me ramener à une gayeté, dont sa présence seule éloignoit les approches. Sa vûe me touchoit jusqu'aux larmes, je ne me voyois à ses côtés que comme un monstre prêt à assassiner sa Bienfaitrice, & le saisissement que cette image affreuse m'avoit causé quelquefois auprès d'elle, m'avoit donné un air d'égarement qui redoubloit ses frayeurs & ses soupçons. Bientôt je ne la vis plus m'aborder qu'avec des pleurs qu'elle avoit mille peines à me cacher.

J'ignorai pendant quelques jours l'opinion bizarre que le trouble inconnu de mon cœur avoit fait prendre de moi. Mais quelques ſignes échapés à des Domeſtiques, des converſations particuliéres dont je vis que j'étois l'objet entre M. & Mad. de Salvins, plus d'un propos aſſez leger de leur fils & ſurtout le refus que me fit Madame de Salvins de ſonger à me faire embraſſer le parti des armes dont elle m'avoit parlé, & que j'étois toujours réſolu de prendre ſans aucun délai, dans les moments où ma raiſon ſembloit l'emporter ſur mon cœur, toutes ces choſes réunies m'apprirent enfin ce que j'avois fait penſer de moi. Le croira-t'on de quelqu'un qui chériſſoit l'honneur, & dont l'amour faiſoit quelquefois le ſupplice? Pour reſter plus long-tems auprès de Lucide, j'oſai ſaiſir ce moyen que m'offroit le ſentiment ſingulier dans lequel on étoit ſur mon compte. Il eſt vrai que ce fut encore la Caran qui l'emporta ſur la répugnance que je me ſentis d'abord, à ne pas détruire l'erreur où M. & Mad. de Salvins étoient à mon égard.

J'étois un matin ſeul à rêver dans un boſquet couvert, d'où l'on pouvoit voir aiſément les fenêtres de l'appartement de Lucide, lorſque la groſſe Caran preſque fondante en larmes vint s'y placer auprès de moi. Ah M. le Chevalier! (me dit-elle) vous aurez beau dire, il n'y a plus moien que je ſuive vos conſeils ; je les crois fort bons, car ils ont l'air tout-à fait honnêtes, mais ils n'ont pas laiſſé que de me jetter dans la plus cruelle ſituation. J'ai voulu faire entendre à ma pauvre Lucide qu'il étoit vrai que vous ne ſongiez pas ſeulement à elle, que ce côté du jardin vous plaiſoit ſans raiſon, que je m'étois trompée groſſiérement, & que vous priyez tous les jours Mad. de Salvins de déterminer ſon mari à vous faire emploier au ſervice de la Marine, comme je l'ai oui dire dans la maiſon : eh bien ! Monſieur, elle m'a cru, elle m'a deffendu de vous nommer jamais devant elle, nos fenêtres ont preſque toujours été fermées comme vous avez pû vous en appercevoir, je comptois avoir ville gagnée, je vous béniſſois chaque jour de m'avoir ſi bien conſeillée. Point du tout, me revoilà dans le plus grand des chagrins, Lucide après avoir paſſé quelques jours ſans me dire quatre mots, vient de me déclarer ce matin qu'elle alloit ſe jetter aux pieds de ſa mere pour la conjurer de la laiſſer aller dans un Couvent où elle veut fixer ſes jours. J'ai fait mes cinq ſens de nature pour la détourner de ce projet, c'eſt inutile, elle n'aime plus perſonne, elle veut ſe ſéparer de tout le monde, elle voudroit être à mille lieues de nous. Ah ! M. le Chevalier, c'eſt un meurtre de la laiſſer partir, ſa mere ne viendra pas à bout de la retenir, j'en ſuis ſûre; il n'y a que moi qui puiſſe quelque choſe ſur ſon eſprit, ſi je veux lui dire le contraire de ce que je lui ai dit. Je viens vous en demander la permiſſion, il faut me laiſſer dire ce qui en eſt, Monſieur, puiſque c'eſt la perdre que de la tromper; il faut lui dire la vérité, cela nous la ramenera. Vous êtes un honnête-homme, quel mal y a-t'il qu'elle vous aime, & qu'elle ſache que vous l'aimez? Vous n'êtes pas pour en abuſer, oh! pour cela non; & que ſait-on ce qui peut arriver ? Ah chere Bonne ! (interrompis je) que peut-il arriver d'heureux pour nous, & que veux-tu que je faſſe ? que vous me laiſſiez lui parler autrement que je n'ai fait par votre conſeil (répondit la Caran), que vous ne ſongiez pas à partir ſi tôt, que vous veniez toujours vous promener de ce côté ; enfin que vous me rendiez ma chere Lucide. Tenez, je vais vous apprendre une choſe ; ils diſent dans le château que toute votre raiſon ne vous eſt pas revenue, & qu'il n'y a pas moien de vous laiſſer prendre un parti dans l'état où vous êtes. Croiez-m'en, laiſſez-les dans cette idée-là, & vous ne partirez pas ſitôt; car ſi vous partez, vous ſerez fâché, vous voudrez revenir, c'eſt une choſe ſûre, cela arrive toujours quand on aime ; Lucide n'y ſera peut-être plus ; ſi elle entre dans un Couvent c'est pour la vie. Eh bien ! je m'abandonne à tes conseils (lui répondis-je) va chere Bonne, cours auprès de Lucide, empêche-la de fuir, j'en mourrois de désespoir ; l'idée seule m'en fait frémir. Si je trompe M & Mad. de Salvins, c'est pour leur conserver le plus aimable de leurs enfans. Voilà qui est parler (dit la Caran) il n'y a rien de plus honnête que ce procédé-là, je suis contente de vous, Monsieur le Chevalier, souffrez que je vous embrasse, & puis je vole auprès de ma chere Lucide.

Comme elle partoit, j'appercus le jeune Salvins qui fuioit d'un autre côté. Je tremblai en le voiant encore si près du bosquet où la Caran venoit de me parler. Je courus à lui pour pénétrer s'il nous avoit entendus. Je vois votre inquiétude, (me dit-il en s'arrêtant)

Eh bien ! ſortez-en, je n'ai pas perdu un mot de tout ce que vous a dit la perfide Caran, je ſuis inſtruit de vos projets, & je vais en faire part aux gens que vous outragez ſi cruellement par votre conduite. Arrêtez (lui dis-je) eh quoi ! mon bon Ami ! Moi votre Ami (repliqua-t'il) je ne le ſuis, ni le veux être, ni ne le ſerai jamais ; regarde-moi plutôt comme ton ennemi le plus cruel. Je rends grace au deſtin qui m'a fait approcher de ce boſquet pour y connoître ta perfidie, & pour me fournir les moiens de démaſquer ton ingratitude & ta trahiſon. Je le ſais, tu ne tiens à mon Pere que par ſes bienfaits ; il va t'en priver, & je jouirai du plaiſir de te voir malheureux. Il y a trop long-tems que tu partages avec moi les ſoins & l'amitié de ma famille ; c'eſt un bien qui n'appartenoit qu'à moi je vais la faire rougir de ſes bontés, & peut-être t'expoſer ainſi que ma miſerable ſœur à toute la colere, & à toute l'indignation que vous méritez tous deux. Quoi Salvins (lui dis-je en tombant à ſes genoux.) Quoi ! votre ſœur elle-même deviendroit votre victime ? Non, cruel, vous faites de vains efforts pour vous échapper, je ne vous laiſſe point aller que vous ne vous ſoiez engagé avec moi par les ferments les plus forts à cacher ce que vous venez d'entendre ; non, vous dis-je, non vous ne fuirez point, il faut plutôt vous baigner dans mon ſang. Ma vie m'eſt odieuſe, mais l'intérêt de Lucide m'eſt cher ; je conſens à acheter ce dernier bien par la perte de l'autre, frappez, Salvins, voilà mon cœur, je le livre à vos coups. Non (me répondit-il) non, tu ne ſerois pas aſſez à plaindre ; les horreurs où tu vas tomber feront bien plus douces pour moi que ta mort. Depuis longtems je cherche à découvrir le ſecret de ta naiſſance ; ſçais-tu que tu n'es que l'opprobre de la nature ? un vil enfant méconnu, & que les bontés de mon Pere ... Arrêtez Salvins (lui dis-je en me relevant avec tranſport) arrêtez, cet outrage eſt trop violent. La baſſeſſe de votre ame vous rend indigne d'être le fils de M. de Salvins ; je ne vous connois plus, & vous me ferez raiſon d'une inſulte auſſi grave. Moi te faire raiſon (répondit-il) tiens .... il levoit la main pour m'en frapper, j'évite cette ignominie en me retirant en arriére, il me voit l'épée à la main, il s'élance auſſitôt ſur moi avec la ſienne ; (car M. de Salvins par une fatalité cruelle avoit ordonné depuis cinq à ſix mois qu'on nous accoutumât à ne jamais sortir du Château sans armes) Je détourne le coup, & je le frappe au moment que Lucide & la Caran en allarmes paroissent au milieu de nous. Lucide m'avoit vû de sa fenêtre en conversation fort vive avec son frere, elle m'avoit vû à ses genoux, aussitôt elle étoit accourue, & trouvant la Caran dans son chemin, elle l'avoit entraînée avec elle au cruel spectacle de voir le fils de M. de Salvins tomber dans son sang. Ah ! M. le Chevalier, qu'avez-vous fait ? (s'écria la Caran) vous venez de nous perdre ; fuiez, croiez-moi, & ne vous exposez point à la vûe de M. de Salvins, fuiez, vous dis-je, tout ce que je vois est affreux. Lucide cependant sans jetter les yeux sur moi s'étoit précipitée sur son frere qui se refusoit aux embrassements de sa sœur. Laisse-moi, malheureuſe, (lui diſoit-il) c'eſt ton indigne foibleſſe qui va me priver du jour ; laiſſe-moi, je ne connois point ma ſœur dans l'Amante d'un ingrat & d'un ſéducteur ; laiſſe-moi te dis-je, tes ſoins me rendent affreux les reſtes de ma vie.

Je l'avouerai, cet odieux diſcours du jeune Salvins excitoit en moi des mouvements horribles. Eh bien! (lui dis-je) c'eſt ma mort, que tu veux, cruel, ſois content; mais ſonge que je m'immole à l'intérêt de ta ſœur. Alors prenant mon épée, je levois déja le bras ſur moi-même, lorſque la Caran en arrêta tout-à-coup le mouvement. Lucide plus effraiée encore du deſſein où elle m'avoit vû, fuioit égarée & preſque ſans forces à travers le jardin, lorſque des Ouvriers occupés à l'entretien du parc l'apperçurent ; l'agitation où ils la trouverent les effraia ; ſes yeux étoient fixes, ſa bouche ouverte, & tout ſon corps tremblant : allez (leur dit-elle avec peine) : laiſſez-moi, je puis me paſſer de votre ſecours, courez à ce boſquet que vous voiez, courez-, vous dis-je, mon frere eſt baigné dans ſon ſang. A ce mot deux ouvriers lui obéirent, & il n'en reſta qu'un auprès d'elle.

Le jeune Salvins fut bientôt porté à ſon appartement, où le Chirurgien vint viſiter ſa plaie qu'il ne jugea point dangereuſe. La Caran avoit pris toutes les meſures imaginables pour que cette affaire n'éclatât point, & chacun l'avoit aſſurée d'une diſcrétion qu'elle avoit promis de bien recompenſer. Lucide de ſon côté étoit rentrée au Château, & ne tarda point à venir au chevet du lit de ſon frere le conjurer encore de cacher ce qui étoit arrivé. Mais à peine Mad. de Salvins informée que son fils étoit incommodé entra-t'elle dans son appartement, qu'il la fit approcher pour l'instruire de ma conversation avec la Caran & de tout ce qui en avoit été la suite ; il supprima cependant la façon indigne dont il m'avoit traité, & surtout la hardiesse insultante avec laquelle il avoit osé lever la main sur moi.

Quel fut l'étonnement de Mad. de Salvins à ce recit que la fuite de Lucide à son approche ne lui confirmoit que trop! elle frémit de tant de dangers ; mais la tendresse qu'elle avoit pour sa fille & pour moi, & surtout cette raison qui l'eclairoit sans cesse, lui firent trouver son fils lui-même coupable par le peu de ménagement qu'il apportoit à m'accuser aussi bien que sa sœur, & l'obligerent à avoir quelque pitié de nous, & à tacher de dérober à ſon mari la connoiſſance de tant d'horreurs.

Plus ſon fils paroit s'oppoſer à ce ſage deſſein, plus il aigrit ſa mere contre lui-même, & plus il donne de forces à la raiſon contre la nature. Mad. de Salvins oubliant preſque qu'elle étoit mere du Chevalier ne ſe ſentoit vivement intéreſſée qu'en ma faveur, & ne ménageant plus rien, elle alla juſqu'à menacer ſon fils d'une éternelle indignation, s'il ne s'engageoit pas au ſecret néceſſaire qu'elle lui demandoit.

Après bien des combats, le Chevalier promit enfin le ſilence, & ſon incommodité ne paſſa dans l'eſprit du Marquis que pour une indiſpoſition ordinaire. Mad. de Salvins s'étoit fait nommer les gens à qui notre funeſte combat pouvoit être connu, & s'étoit ſi bien aſſurée de leur diſcrétion par les moiens qui réuſſiſſent le mieux avec de pareils gens, qu'on n'en entendit point parler dans le Château.

On juge bien de tout ce que Mad. de Salvins avoit à me dire ſur ma cruelle avanture, & elle ne ſortit d'auprès de ſon fils que pour me faire chercher par tout. Dans l'excès du trouble & de la douleur où j'étois, je n'avois encore pû me déterminer à aucun parti. Je voulois fuir, mais je me trouvois ſans ſecours pour cela. Comment ſoutenir cependant la vûe de mes Bienfaiteurs s'ils étoient inſtruits de tous mes crimes? Je voiois Lucide auſſi malheureuſe que moi, & j'étois la cauſe de ſon malheur. Eſt-il poſſible qu'une ame qui ſe préſente avec vivacité des tableaux auſſi cruels ne ſe déchire pas mille fois? Comment l'horreur qu'elle prend de la vie dans de ſi cruels moments n'en termine-t'elle pas le cours ? Je ne puis encore le comprendre.

Les gens que Mad. de Salvins avoit envoiés à ma recherche me trouverent livré à la plus profonde reverie dans un endroit retiré de la maiſon où machinalement & ſans deſſein j'avois porté mes pas. A peine eus-je appris qu'elle m'attendoit dans ſon appartement qu'un friſſonnement général me ſaiſit. J'obéis cependant, & voiant qu'elle étoit ſeule je me jettai avec précipitation à ſes pieds fondant en larmes & ſans pouvoir prononcer une parole. Chevalier (me dit-elle) je vois toutes vos douleurs, mais vous rendent-elles plus excuſable ? les pleurs que vous verſez peuvent-elles me faire oublier que vous venez de répandre mon ſang ? Non, Madame (lui répondis-je en interrompant chaque parole par un sanglot) non, je suis un monstre à vos yeux, j'en dois être un aux yeux de toute la terre, je me fais horreur, décidez de mon sort, je m'abandonne à vous ; mais ditez-moi de grace, M. de Salvins est-il instruit aussi ?.... Il ne sait rien (interrompit-elle) & mon cruel fils m'a promis de se taire ; il m'a fait frémir pour Lucide & pour vous. S'il respecte encore sa mere, je serai la seule à qui votre ingratitude soit connue. Ah d'Erban ! n'ai-je eu tant d'empressement pour vous attirer chez moi que pour vous y voir porter & la honte & la mort ? Etoit-ce là le prix que vous deviez à l'amitié tendre que j'avois pour vous ? connoissez enfin votre sort, ingrat. Ce fut alors que Mad. de Salvins me raconta toutes les particularités de ma naiſſance & de ma premiére éducation, dont j'ai parlé au commencement de cette hiſtoire. Éh bien! Madame (lui dis-je en quittant ſes genoux que je tenois toujours embraſſés) je ſuis donc le dernier des hommes, j'en ſuis donc le plus mépriſable de toutes les façons? C'en eſt fait, rien ne peut plus me retenir chez vous, recevez mes derniers adieux. Où fuiez-vous, d'Erban? (me dit Mad. de Salvins en m'arrêtant) & qu'allez-vous faire? Eſt-ce ainſi que la raiſon vous guide? reſtez, vous dis-je (continua-t'elle) ſi vous devez fuir ceux à qui vous devez tant, ne rougiſſez pas du moins des ſecours qu'eux ſeuls peuvent vous donner, & qu'ils ne vous refuſeront jamais. Mais avant tout je veux d'Erban, que vous m'appreniez ce qui vous a pû porter à l'extrémité cruelle de répandre le ſang de mon fils ? Quoi! Madame (lui répondis-je) vous auroit-il caché qu'il m'a traité de la façon la plus indigne, & qu'il a même oſé lever la main ſur moi? Daignez m'en croire, je vous en conjure, je voudrois perdre mille fois la vie pour vous. Mais qui ſuis-je, Madame, pour ſouffrir ſans indignation un pareil outrage? & la raiſon a-t'elle lieu dans de pareils moments ? On eſt tout à cet honneur imperieux dont on a gravé ſi profondement les cruels principes dans notre cœur. Je n'ai point vû votre fils, Madame, je n'ai vû qu'un barbare, & je le ſuis devenu.

Mad. de Salvins alloit m'interrompre lorſqu'elle entendit du bruit. Cachez vos larmes, Chevalier (me dit-elle) je crois entendre mon époux. Que lui dirois-je s'il vous ſurprenoit auprès de de moi avec ces marques de douleur ? Oui je l'entends (ajouta-t'elle) c'eſt lui-même, vous me trahiriez, d'Erban, par le déſordre où vous êtes ; ſortez par ce cabinet qui conduit au jardin, & laiſſez-moi préparer avec M. de Salvins un départ qui eſt devenu néceſſaire, & qui cependant m'afflige encore.

Pénétré plus que je ne puis le dire de tant de bontés, je me retirai dans mon appartement où la malheureuſe Caran fondante en larmes m'attendoit. Ses Sanglots qu'elle s'efforçoit pourtant d'étouffer, me l'avoient annoncée avant que je l'euſſe vue. Ah M. le Chevalier ! (s'écria-t'elle) qu'allons nous devenir ? Qu'eſt-ce que vous a dit Mad. de Salvins ? qu'eſt-ce qu'elle va faire de ſa pauvre fille & de la miſérable Caran ? Ne me cachez rien, je vous en prie, allons-nous être ſeparées ? Faut-il que je meure ? car il n'y a que ce parti-là pour moi, ſi je perds ma chere Lucide. J'ignore (lui répondis-je) tout ce que vous me demandez. Mad. de Salvins s'eſt fait un effort de raiſon aſſez grand pour ne pas même me nommer ſa fille. J'ai ſenti la nobleſſe de ſon cœur à ce ſilence que j'avois intérêt de reſpecter. Ce nom ſi cher & ſi fatal n'eſt point ſorti de notre bouche ; mais il eſt trop vrai que vous avez tout à craindre, ſon fils lui a tout appris, elle ſait la converſation que nous avons eue enſemble ſous le boſquet. Vous avez raiſon (interrompit la Caran) oui M. le Chevalier il faut que cette bonne Maîtreſſe-là me chaſſe, elle ne ſauroit me garder, il faut qu'elle faſſe peut-être plus encore, qu'elle cherche à me perdre, & j'y conſens volontiers, car il n'y a plus de dangers ni de malheurs que je craigne. Eh ! que fait Lucide ? (lui dis-je) où l'avez-vous quittée ? dans ſon appartement (me répondit-elle) ou j'ai fait de vains efforts pour l'engager à me parler. Ses yeux ſont attachés à la terre. Elle ne voit & n'entend rien, ne répond à rien, ne veut s'expliquer ſur rien ; & ſans les ſoupirs qui lui échapent de moments en moments je l'aurois crue ſans vie. Ah Dieux ! (ajouta-t'elle) on peut donc ſe perdre avec des intentions pures, car je ſuppoſe que vous n'en aviez point d'autres M. le Chevalier pour Lucide, c'eſt une ſi belle ame ! c'eſt la verité, c'eſt la candeur même. Je n'oſe point me comparer à vous deux : mais le Ciel connoît mon cœur, il ſait ſi toute ſorte de crime ne lui fait pas peur. Helas ! j'ai paſſé ma vie ſans aucun reproche juſqu'ici. C'eſt ma réputation de bonne femme qui m'a procuré la confiance de Mad. de Salvins, & le bonheur de la ſeconder dans l'éducation de ſa chere fille; car vous le ſçavez, Mad. de Salvins ne m'avoit abandonné qu'une partie des ſoins que cette éducation exigeoit. Une mere comme elle, eſt toujours jalouſe de former le cœur & l'eſprit de ſes enfans. Cependant avec toutes ces belles précautions, M. le Chevalier, où ſe voit réduite la plus reſpectable de toute les meres? N'en eſt-elle pas aujourdhui la plus malheureuſe? & par la faute de qui? Eſt-ce la mienne? eſt-ce la votre? eſt-ce celle de Lucide? eſt-ce celle de quelqu'autre? eſt-ce la ſienne propre? On ne ſait que dire à tout cela. On voit ce qui eſt arrivé, mais en voit-on la cauſe? Qui eſt-ce qu'on peut punir pourtant, ſi ce n'eſt moi, qui m'abandonne de bon cœur pour vous tirer tous d'affaire? Mettez fin à vos plaintes (lui dis-je) & courez plûtôt vers votre Eléve. Tout peut ſe réparer peut-être; mais en m'immolant. Il faut que Lucide promette de m'oublier, il faut ſurtout que vous renonciez à me ſervir jamais; à ces conditions dont je ſuis la ſeule victime, Mad. de Salvins peut vous garder encore. Mais vous ſeriez la plus ingrate des femmes, ſi jamais pour quelque raiſon que ce fût vous faiſiez la moindre démarche qui pût bleſſer votre reconnoiſſance & vos devoirs. Allez, Caran, que votre amitié ne vous aveugle plus, & ſongez toute votre vie que nous avons à rougir tous deux, vous de m'avoir parlé de Lucide ſans l'aveu de ſa mere,

& moi de vous avoir entendue. Eſt-ce un jeune homme (interrompit la Caran en m'embraſſant les genoux) qui me dit de pareilles choſes ? Le Ciel aura pitié de vous, Monſieur, car il me parle par votre bouche. Nous vous perdrons, M. le Chevalier, je le ſens bien, mais il n'y aura pas moien de me refuſer aux larmes que me coutera votre départ. N'allez pas m'ordonner encore cette choſe-là, elle ſeroit impoſſible. Tout ce que je ferai, c'eſt de m'en cacher devant la pauvre Lucide, quand elle devroit m'y exciter en pleurant elle-même. Adieu, M. d'Erban, ſi l'on parie pour les gens de bien, il y a à parier que vous ne ſauriez être malheureux ; & puis vous avez une ſi belle phiſionomie. C'eſt de la patience dont nous avons tous beſoin, à ce que je crois. Que je vous embraſſe encore, c'eſt peut-être pour la derniere fois. Adieu M. le Chevalier, adieu.

A peine la Caran m'eut-elle quitté, qu'elle alla ſe préſenter à Mad. de Salvins, & lui avouer tous ſes torts. La naiveté qu'elle mit à cette confeſſion toucha le cœur tendre & compatiſſant de ſa Maîtreſſe qui lui promit de ne point la ſeparer de Lucide, pourvû qu'elle n'oubliât rien de ce que je lui avois dit moi-même de ſes devoirs, dans la derniere conversation que je venois d'avoir avec elle; car elle n'avoit rien obmis, & Mad. de Salvins ne m'en avoit trouvé que plus digne au moins de ſa pitié.

Forcé de ſuivre M. de Salvins auprès de ſon fils dès le lendemain de notre ſcene horrible, il avoit vû des larmes que je n'avois pû retenir, & je lui en étois devenu plus cher ; dans l'erreur où il étoit, il m'avoit même embrassé, & m'avoit déchiré cruellement le cœur en me louant sur mon attendrissement & sur mon amitié pour son fils, à qui j'avois cependant presque donné la mort.

La blessure du Chevalier plus légere qu'on ne l'avoit imaginée fut fermée en très-peu de jours ; & graces aux soins de sa mere qui ne le quittoit point, & qui ne cessoit de lui rappeller la promesse qu'il lui avoit faite de se taire sur notre avanture, M. de Salvins ignora tout ce qui étoit arrivé. La tristesse qu'il trouvoit à son épouse, à Lucide & à moi ne passa dans son esprit que pour un effet de l'intérêt que nous prenions à la maladie de son fils.

Quelques conversations particuliéres qu'avoit eues Mad. de Salvins avec le jeune Salvins l'avoient convaincue que rien ne pouvoit adoucir ſon aigreur contre moi. Il lui repétoit ſans ceſſe qu'il s'étoit fait l'effort de ſe taire ſur notre avanture, par reſpect pour ſes ordres & par quelque attention pour ſa ſœur; mais qu'il étoit inutile qu'on entreprit de nous faire vivre enſemble; & que ſi je ne ſortois pas du Château, il n'y avoit qu'à prendre des meſures pour l'en faire ſortir lui-même dès qu'il ſeroit en état de ſe lever.

Il fallut donc que Mad. de Salvins engageât ſon époux à me faire prendre le ſervice de la Marine pour lequel je lui avois témoigné du penchant; & une circonſtance favorable me mit bientôt entre les mains du plus grand homme de mer qui vêcut alors.

En 1695. le fameux M. du G... T... après la campagne la plus brillante venoit d'arriver à Paris où le noble desir de voir le Maître qu'il servoit avec tant de zéle l'avoit attiré. Il avoit pris un logement chez un des intimes amis de M. de Salvins qui n'hésita point à lui faire proposer par cet ami de se charger de moi en qualité de volontaire. M. du G...... T...... y consentit, & écrivit lui-même à M. de Salvins de me faire partir pour le Port-Louis où il alloit armer aussitôt qu'il auroit pris congé des Ministres & d'un Roi que ses bontés, sa noblesse, & sa Grandeur venoient de lui faire regarder comme l'ame de toutes les merveilles qui immortalisoient son regne.

Cette lettre à laquelle M. du G .... T..... n'avoit apporté aucun retard, ne fut pas plutôt remise à M. de Salvins qu'il me fit appeller, & qu'il m'en fit prendre lecture devant ſon épouſe. Un départ auſſi prompt allarma ſecrettement mon cœur ; mais j'eus la force d'étouffer ſes murmures, & de témoigner à M. de Salvins toute la joie que devoit me cauſer le bonheur d'apprendre mon métier ſous les yeux d'un auſſi grand homme. D'Erban (me dit M. de Salvins en m'embraſſant) vos dangers me font frémir, mais vous courez à la gloire. Vous m'avez entendu parler cent fois du Héros ſous lequel vous allez ſervir, ſa valeur & ſon courage ont fixé les yeux de l'Europe, il vient d'en recevoir un prix plus grand encore dans les regards favorables de ſon Roi. Vous êtes Français, & je ſçais ce que l'eſpoir d'une ſi belle récompenſe doit exciter en vous de courage & d'intrépidité. J'ai ſuivi d'ailleurs votre goût, & puiſque le ſervice de Mer eſt de votre choix, il n'aura rien qui paroiſſe devoir ſurpaſſer vos forces.

Je ne ſçais que penſer de l'effet que produiſit cette confiance de M. de Salvins en mon courage. L'amour de la gloire me fit oublier un inſtant celui que j'avois pour Lucide. Je ne vis plus en ce moment que vaiſſeaux, que combats, & que victoires. Les mirthes de la tendreſſe firent place à des lauriers dont ma petite vanité couvroit mon front. Si de pareilles ſituations de l'ame ſont des infidélités, Lucide n'en eut du moins jamais d'autres à me reprocher. La nature m'avoit fait pour ſentir l'amour, mais j'étois homme, & je devois éprouver que l'amour de ſoi-même qui produit toutes les eſpéces de vanité, eſt de tous nos ſentimens le plus incorruptible.

Dès que Mad. de Salvins eut mis ordre aux préparatifs qu'exigeoit mon départ, il fallut prendre congé d'elle & de ſon époux. Tous deux me noyerent de leurs larmes ; il n'y eut que leur cruel fils qui ne partagea point les miennes. Ses adieux eurent même quelque choſe d'offençant pour moi par un air de ſécheresſe & preſque de mépris dont il accompagna la phraſe courte & commune qu'il daigna me prononcer en ſe ſéparant de moi.

Je n'avois point vû Lucide, & je n'avois point cherché à la voir: ce triomphe cruel que j'avois remporté ſur moi-même me faiſoit verſer des pleurs la derniere nuit que je devois paſſer au Château de M. de Salvins, lorſque ſon épouſe entra dans ma chambre. Je ne l'avois point apperçue d'abord, & elle avoit eu le tems de considérer l'état de douleur où je me trouvois lorsque je levai les yeux sur elle. D'Erban (s'écria - t'elle) que faites-vous ? Ah Madame ! (lui répondis-je en me précipitant à ses pieds) quel soin encore, quelle bonté nouvelle vous attire à cette heure dans ma chambre ? Je prévoiois (reprit - elle) l'état où je viens de vous trouver. J'ai cru ne pas devoir vous abandonner à votre foiblesse, je viens servir votre raison contre elle. Chevalier, vous voilà donc la victime d'une passion affreuse qui vous couvre d'ingratitude, qui détruit toutes vos vertus, qui devroit éteindre mon amitié pour vous ? Est-il un devoir plus sacré dans la société, que celui de ne pas porter le désordre au sein d'une famille ? N'est-ce pas là pourtant ce que vous avez déja fait, d'Erban ? Et n'ai-je pas lieu de craindre que vous n'augmentiez encore le mal en vous livrant ainſi aux mouvemens indiſcrets de votre cœur ? Si vous aimez l'honneur, laiſſez-lui ſurmonter des deſirs qu'il n'a pas fait naître & qu'il condamne. Mon cher d'Erban (pourſuivit-elle, tandis que je baiſois ſes mains dont elle ſerroit quelque fois les miennes) je ne puis trop vous le repéter, vous devez tout à l'honneur, c'eſt à lui à réparer le néant affreux de votre naiſſance. Pardonnez-moi, Chevalier, le tableau cruel que j'offre à vos yeux ; il me déchire autant que vous, & je cede, en vous le préſentant pour la derniere fois, à la néceſſité de faire les plus grands efforts pour vous rendre à vous-même. Non, non, Madame (lui répondis-je) je n'ai pas mérité de vous ce tendre ménagement avec lequel vous me montrez qui je ſuis ; accablez-moi plutôt de cette image cruelle, j'ai beſoin de tous les ſecours à la fois. Ah d'Erban ! (reprit-elle) vous les trouveriez au fond de vous-même, ſi vous daigniez ouvrir les yeux. Je veux bien vous parler encore de cet amour qui nous a déja cauſé tant d'allarmes, quel peut en être le but ? Souvenez-vous de ce que vous avez dit à la Caran ; (car elle ne m'a rien caché) Lucide peut-elle jamais être à vous ? Penſez-vous que M. de Salvins puiſſe jamais conſentir à une union ſi peu avantageuſe pour une fille qu'il chérit ? Mais revenons à cet amour ſi peu ſage : Lucide à peine compte quatorze ans ; ſçavez-vous qu'elle eſt ſon ame ? ce que c'eſt que ſon eſprit & ſon cœur ? Pouvez-vous rien décider encore à ces égards essentiels ? Vous n'aurez donc livré votre ame qu'aux traits frivoles d'une beauté naissante, que le moindre accident peut détruire ; & vous oserez donner à l'agitation que vous éprouvez, le nom d'amour & de passion insurmontable. Vous m'entendez, Chevalier, vous n'auriez pas même droit à ma pitié, si je vous rendois une justice sévére, & si je n'esperois que la voix indiscréte des sens n'étouffera pas longtems chez vous celle de la raison. Vous partirez au point du jour, & vous emporterez mes regrets ; adieu, Chevalier, allez acquerir quelque gloire aux yeux des hommes ; mais commencez par acquerir cette gloire secrette dont on se couvre en se surmontant soi-même. Laissez-moi m'échaper ; d'Erban, (continua-t'elle), vos larmes font couler les miennes.

A peine eut elle prononcé ce dernier adieu qu'elle ſortit de mon appartement avec précipitation, & me laiſſa dans un de ces accablements où l'eſprit abſorbé dans la multitude des idées qui ſe préſentent en foule, n'en diſtingue aucune. Lucide & Mad. de Salvins s'offroient tour à tour à mes yeux, l'amour parloit pour la premiére, la reconnoiſſance & l'honneur ſoutenoient les intérêts de la ſeconde, & dans cette agitation j'étois ſucceſſivement & à ma foibleſſe & à ma vertu; inſtans horribles de notre exiſtance où nous nous combattons nous-même, où deux ſentimens oppoſés ſe diſputent le regne de notre cœur, où nous ſentons enfin une ſage réſiſtance à des penchants preſque invincibles!

Je profitai cependant d'un des moments où l'honneur paroiſſoit triompher de moi, pour avancer l'heure de mon cruel départ. Mon Domeſtique voulut en vain m'engager à attendre la pointe du jour comme nous en étions convenus. Sûr de ne point trouver le repos qu'il me conſeilloit de prendre, je m'éloignai avec lui du Château de M. de Salvins au milieu des ombres de la nuit.

L'état où je me trouvai pendant toute la route que j'avois à faire pour arriver au lieu où l'illuſtre M. du G.... T.... m'avoit donné rendé-vous, ne ſçauroit ni ſe peindre ni ſe concevoir. Chaque fois que Lucide ſe préſentoit à ma penſée, je me renverſois dans ma chaiſe comme effraié de l'image la plus cruelle. Dix fois mon Poſtillon avoit tourné la tête à des cris qui l'épouvantoient, il s'étoit même arrêté dans ſa courſe pour me demander ſi je n'avois pas beſoin de quelques ſecours ; & ce fut à la honte que me cauſerent ſes queſtions que je dûs l'effort de feindre au moins plus de tranquilité, & ſucceſſivement le bonheur d'en éprouver davantage, en rappellant ma raiſon.

J'arrivai au *Port-Louis* avant M. du G... T... Je l'y attendis trois ou quatre jours ; la ſituation de mon eſprit étoit la moins propre aux diſtractions que la nouveauté du pays où j'étois pouvoit offrir à quelqu'un de mon âge. Je n'étois ſorti de la chambre qu'on m'avoit donnée en arrivant, que pour aller conſidérer quelquefois cet élement auquel j'allois m'abandonner. Quel ſpectacle pour une ame déja plongée dans la douleur ? J'irritois encor la mienne par la triſteſſe qu'inſpire naturellement cette vûe, tout m'y peignoit une ſéparation néceſſaire &

peut-être longue. Les dangers ſeuls que j'y devois courir ſembloient ſuſpendre un peu mon abbatement, & je ne ſentois alors que l'eſpoir d'une mort prochaine qui devoit terminer tous mes maux.

Mr. du G... T... arrive enfin, & bientôt inſtruit par lui de tous mes devoirs, je vois s'éloigner de ma vûe cette terre qu'habitoit Lucide, & ſur laquelle mes regards s'attacherent autant qu'ils le purent. La ſérénité du Ciel, le calme des eaux, les vents trop favorables, toute la nature étoit complice du crime que je commettois en immolant mon Amour. Je crus expirer en ne voyant plus autour de moi que le cercle immenſe des eaux qui nous environnoient de toute part. L'état où je me trouvai fut ſi violent que je ne pus le cacher aſſez à mes

Compagnons de voyage, qui me rendirent bientôt la victime de leurs plaiſanteries.

J'en voulus dabord arrêter le cours avec aſſez d'humeur & de vivacité pour que le plus ſage d'entre eux pût y trouver quelque danger ; M. du G... T... en fut inſtruit & vola près de moi. Qu'eſt-ce donc Chevalier (me dit-il)? Quoi ! j'entends parler de ſoupirs, de regrets ? Vous né pour la valeur, ſi je ne me ſuis point trompé, vous n'apporteriez parmi nous qu'une ame foible & déſolée ? Non cela n'eſt pas poſſible. Suivez-moi, d'Erban, allons-nous entretenir de cette gloire après laquelle nous courons, & dont l'Amour doit vous remplir tout entier.

Je ne rapporterai point tout ce que M. du G... T... me dit de l'Amour. Il eſt des ames fortes qui n'en parlent que pour le rendre méprisable. Son espéce de harangue cavaliere avoit pour moi le danger de toutes celles où l'on intéresse notre vanité ; ce qu'il disoit de la gloire avoit une force étonnante dans sa bouche. Il sied si bien aux Héros d'en parler ! Je me laissois entraîner à son opinion & je vis insensiblement tarir les larmes que je versois pour Lucide.

Notre premiére action à l'entrée de *Vigo* & le combat qu'il nous fallut soutenir ensuite pour nous assurer notre prise, donnerent encore à mon ame un degré de courage & d'ardeur qui fortifia les leçons que je venois de recevoir. Notre illustre Capitaine avoit eu la bonté de remarquer la façon dont je m'étois comporté sur son bord, & acheva de partager pour un temps mon ame entre la gloire & l'amour.

On ne s'attend pas ſans doute que je parle ici de tous les ſuccès que nous eumes aſſez rapidement, & auxquels je n'eus que la moindre part ſous les yeux d'un homme à qui tout l'honneur en étoit dû. Je ne ſçavois que chercher la mort; mais j'étois encore deſtiné à d'autres malheurs que ceux que j'avois éprouvés juſqu'alors.

Le jeune Salvins n'avoit pû ſupporter patiemment les regrets auxquels ſon Pere ſe livroit quelquefois ſur mon compte; & ſa haine s'augmenta au point qu'il lui découvrit un jour ma malheureuſe hiſtoire. M. de Salvins en frémit, & n'écoutant alors qu'un premier mouvement; il témoigna à ſon épouſe & à ſa fille tout le courroux dont il ſe ſentit animé contre moi. Il parla de m'abandonner & de faire enfermer

pour

pour jamais Lucide ; ſa tendre amitié pour Mad. de Salvins en fut même alterée dans les premiers inſtans. Il lui faiſoit un crime de lui avoir caché le déſordre que j'avois cauſé dans ſa maiſon, & ce fut dans ces circonſtances qu'il m'écrivit une lettre que je trouvai au Port-Louis dès que j'y rentrai.

Son courroux & ſon indignation y étoient peints avec les couleurs les plus vives. Il me deffendoit d'oſer jamais me préſenter devant lui. Il m'y traittoit d'ingrat, de monſtre, d'aſſaſſin de ſon fils & de ſéducteur de ſa fille, il me juroit une haine éternelle, & me deffendoit d'eſperer même que mon nom pût jamais ſortir de ſa bouche.

Je l'avouerai, tant de mépris revolta dabord mon cœur ; & j'aurois peut-être demandé raiſon à Monſieur de Salvins d'un procédé ſi dur, s'il s'étoit alors offert à ma vûe; mais les larmes que je verſai bientôt malgré moi, changerent cette premiére impreſſion. Je ne vis plus que mes torts, & ſurtout le Pere de Lucide offenſé. Plus je refléchis ſur cette nouvelle ſcituation, plus je m'aſſurai que l'indiſcretion du jeune Salvins l'avoit fait naître; & tout mon reſſentiment ſe tourna contre quelqu'un que j'avois longtems aimé, preſque autant que ſa ſœur.

A peine y avoit-il 8 jours que la lettre dont je viens de parler étoit au Port-Louis, que M. de Salvins m'en adreſſa une ſeconde bien differente; & je fus aſſez heureux pour la recevoir deux jours après mon arrivée. Sa colere s'étoit un peu adoucie par la refléxion; & quoiqu'il me deffendit encore de ſonger à ſa fille, il ne laiſſoit pas de me faire une eſpéce de réparation de la vivacité avec laquelle il m'avoit d'abord écrit ; il m'ordonnoit même de lui donner de mes nouvelles, & m'envoyoit avec toute la bonté poſſible, une lettre de change aſſez conſidérable pour fournir à mes amuſements ſi je devois reſter longtemps à terre. Mad. de Salvins avoit auſſi ajouté à cette lettre quelques témoignages de l'amitié qu'elle avoit toujours eue pour moi, & la reconnoiſſance la plus vive me dicta ſeule la réponſe que je leur fis à tous deux.

Je fis plus encor en leur faveur; je voulus eſſayer pour me rendre moins indigne de leurs bontés, s'il étoit quelque reméde à l'Amour que j'éprouvois. J'engageai par ſerment deux ou trois de mes amis à me tiranniſer ſans ceſſe pour me faire partager leurs plaiſirs. Ils me tinrent parole, ils m'accablerent de leurs inſtances ; mais il ne me fut jamais poſſible de les croire : chaque jour me les rendoit moins ſupportables ; & je finis par les déteſter eux & tous les amuſements dont ils me vantoient les charmes.

Les nouveaux projets de M. du G.... T.... nous firent bientôt remettre en mer & courir à de nouveaux périls. Quelques bleſſures que j'eſſuyai au combat que nous eumes avec le Baron de *Waſſenaer*, & le danger preſque évident de voir périr après l'action, le vaiſſeau qui me portoit, me firent voir la mort de plus près que je ne l'avois encore vûe. Mes malheurs me la rendoient chere ; mais elle ne ferme point des yeux qui ne ſont ouverts qu'aux larmes. Je revis encor le

Port-Louis où je restai assez longtems pour y recevoir des nouvelles plus affreuses que les premiéres.

Ce fut Madame de Salvins qui m'écrivit cette fois au moment où j'allois accompagner M. du G... T... à Paris, où il alloit remercier le Roi de la faveur qu'il venoit de lui faire, en le nommant Capitaine de frégate légére en 1697. Je n'ai jamais oublié ni perdu cette lettre que voici.

LETTRE
DE MADAME DE SALVINS
AU
CHEVALIER D'ERBAN.

JE vous crois honnête-homme, d'Erban, & je vais vous prouver toute la confiance que vous m'avez inspirée. Lucide m'a toujours été chere, & je suis prête à la perdre. Peut-être l'état affreux où ce danger me jette, m'égare-t'il dans la démarche que j'ose faire; mais enfin je l'ai vue comme ma derniere ressource. Les nouvelles publiques annoncerent il y a quelques mois votre mort avec celle d'un proche parent de M. du G.... T.... Je ne sçais par quel malheur ce bruit est venu jusqu'à Lucide ; mais depuis ce temps je n'ai plus de fille. C'est à vous d'Erban à me la rendre ; il n'y a que votre présence qui puisse arracher Lucide à une mort prochaine. Osez m'écouter : je suis mere, & je sçais ce que je dois à l'honneur ; cependant c'est moi qui sans l'espérance de vous unir jamais à ma fille vous propose de la voir. La misérable Caran qui vit à peine elle-même a vainement offert de vous engager à écrire ; on soupçonne ce témoignage, on ne connoît point votre main, on veut que vous soyez mort, & l'on ne parle que de quitter la vie. Chevalier je perds Lucide si vous ne paroissez ; mais ce secours affreux est un secret pour tout le monde. C'est le troisiéme jour après que vous aurez reçu ma lettre que je vous attends ici derriere les murs du Parc, à la nuit fermée. La Caran vous conduira dans l'appartement de ma fille que vous ver-

rez, mais ſans foibleſſe, ſans attendriſſement de votre côté. Songez qu'il n'eſt queſtion que de la déſabuſer ſur votre mort. Voilà d'Erban ce que j'exige de vous, auſſi bien que votre départ la même nuit. Votre vertu, votre honneur vous diront ce que vous avez à faire pour une mere infortunée qui ſe livre à vous; ne conſultez qu'eux, Chevalier, vous êtes digne du ſacrifice que je vous demande. Ma lettre va partir, je fremis.... Mais Lucide eſt dans le plus grand danger..... Je m'abandonne à vous.

Que cette lettre excita de mouvements dans mon ame! à chaque ligne ma voix tremblante s'élevoit malgré moi; bientôt je n'en prononçai plus chaque mot qu'à travers des ſanglots & des frémiſſements; & quoique aſſez éloigné des gens qui pouvoient être à la maiſon, je les attirai tous à mon ſecours. Il fallut étouffer mon ame en moi-même, pour ainſi dire, & dérober à d'importuns témoins le trouble dont j'étois ſaiſi: mais l'air d'étonnement que je pris ſur l'erreur que je leur ſuppoſois, ne put les raſſurer aſſez. Un tremblement qui me reſtoit, leur fit imaginer que je les trompois; il fallut eſſuyer la cruauté de leur zéle empreſſé, il fallut me priver plus d'une heure de relire la lettre de Mad. de Salvins, & de m'aſſurer que mes yeux ne m'avoient pas trompé. Il fallut même, après avoir épuiſé les prieres & les proteſtations, il fallut dis-je, aller juſqu'à la colère pour me débarraſſer de tant de facheux, & l'on ne me quitta que comme un furieux qui laſſe à la fin la pitié de ceux qui veulent bien s'intéreſſer à lui.

Dès que je me vis ſeul, je relus la lettre fatale, mais en me contraignant davantage de peur que quelqu'un ne vint encor à ma porte. Lucide dans un danger affreux, dont le ſoupçon de ma mort étoit la cauſe. Quelle image funeſte ! il falloit aimer bien plus foiblement que moi pour voir alors combien j'étois aimé de Mademoiſelle de Salvins, ou pour me conſoler un peu par l'eſpoir de la revoir bientôt ! je ne ſentois que l'état cruel de Lucide, aucune ſorte d'idée moins horrible ne pouvoit paſſer dans mon cœur.

Les conditions qu'exigeoit de moi Mad. de Salvins me parurent en ce moment moins dures qu'elles ne me l'auroient ſemblé dans toute autre circonſtance. C'eſt bien aſſez (me diſois-je) de détruire dans l'eſprit de Lucide cette erreur dont le poiſon la tue. Non je ne veux que la rendre au jour (s'il eſt vrai que je ſois aſſez heureux pour pouvoir y contribuer.) Non trop eſtimable mere, non vous n'aurez point à vous plaindre de moi. Que votre fille vous ſoit rendue, & que j'aille loin de vous & d'elle achever ma déplorable deſtinée.

C'eſt avec cette réſolution que je me diſpoſai à mon départ, & je pris ſi bien mes meſures que j'arrivai exactement près des murs du Château au jour & à l'heure que m'avoit indiqué la tendre mere de Lucide.

Déja la Caran inquiéte, ſe promenoit près de l'endroit où je mis pied à terre. Je l'entrevis ſe jetter à moi ſans qu'elle put me dire un ſeul mot, mais en me ſerrant les mains & en ſoupirant. Eſt-ce vous (lui dis-je) ma chere Caran?

Eh bien parlez, en quel état eſt votre Eléve ? Répondez-moi de grace, craignez-vous encor pour ſa vie ? Non je ne crains plus rien (me répondit-elle, en ſe faiſant un effort.) Lucide va revivre dès qu'elle vous aura vû. Suivez-moi malheureux Chevalier, mais gardons-nous de faire le moindre bruit. J'ai prevenu ce ſoir, autant que j'ai pû, ma chere Lucide de la certitude où elle ſeroit bientôt, que vous exiſtez encore. Je le verrai donc (m'a dit cette pauvre enfant, comme ſi elle avoit déviné tout ce que nous avons fait pour elle.) Ah, Monſieur voilà un bien cruel Amour que vous lui avez inſpiré. Mad. de Salvins ne veut pas que je croye aux charmes; mais le moyen de penſer qu'on ne vous a pas enſorcelés tous deux ? Puiſque cet Amour-là ne peut ſervir à rien, comment eſt-ce que vous ne vous en défaites pas ? Quel plaiſir a-t'on à ſe bien tourmenter, car je vous crois auſſi malheureux que ma chere Lucide, n'eſt-il pas vrai Monſieur le Chevalier ? C'eſt à vous ſeule que je l'avoue, ma chere Caran (lui répondis je) ; oui je ſuis auſſi cruellement déchiré qu'elle, mais je vais lui paroître indifférent ; gardez-vous de vous oppoſer à l'eſſai que je vais faire pour arracher de ſon cœur le trait dont il eſt frappé. Je ſçais (reprit la Caran) que Mad. de Salvins attend de vous ce miracle là ; elle penſe de vous Monſieur comme ſi vous n'étiez pas un homme ; mais Dieu veuille que tout cela vienne à bien : faites tout ce que vous voudrez Monſieur le Chevalier, je ne veux plus m'attirer de mauvaiſes affaires. Vous me l'avez deffendu vous même & c'eſt tout dire ; mais attendez (ajoûta-t'elle) : nous voilà près de l'escalier de Mademoiselle de Salvins, restez-là un instant, je vais entrer seule auprès d'elle & lui dire qu'il m'a semblé vous voir, afin que vous ne la surpreniez pas trop.

Je profitai du moment auquel elle m'abandonna pour me rappeller à tous les sentimens d'honneur que devoient me dicter ma conduite près de Lucide; car j'éprouvois encore des combats affreux au dedans de moi-même malgré toutes les résolutions que j'avois prises.

La Caran ne tarda guére à ouvrir la porte de Lucide, une lumiére à la main, comme voulant sortir. Puis contrefaisant l'étonnée & retournant sur ses pas je ne me trompois pas (dit-elle aussitôt) c'est lui, c'est le Chevalier que je vous présente ; j'aurois bien parié toute chose au monde que je l'avois entrevû. C'est lui-même en effet (s'écria Lucide que je trouvai dans un abbatement qui la rendoit presque méconnoissable.) Oui Mademoiselle (interrompis-je aussi-tôt); c'est ce d'Erban trop honoré des craintes que vous a données le bruit de sa mort, je viens les détruire par ma présence; mais me permettrez-vous de m'expliquer sans feinte avec vous? Pourquoi me rendre toujours odieux à Mad. de Salvins en la persuadant de la durée d'un sentiment que je ne suis pas fait pour vous inspirer? Le connoissez-vous ce d'Erban à qui vous osez vous intéresser trop vivement? Vous a-t'on dit qu'il est sans fortune, sans état & même sans droits à cette considération mutuelle qui lie & soutient tous les hommes? Vous vivez reprit

Lucide en baiſſant les yeux avec modeſtie) cela me ſuffit. Que voulez-vous me parler de fortune & d'état ? Elle a bien raiſon (dit la Caran en verſant des larmes de joye), qu'eſt ce que tout cela fait à ma pauvre Maîtreſſe ? Laiſſez-nous la Bonne (interrompis-je avec le même ſang-froid que j'affectois toûjours) & ſouvenez-vous de ce que vous devez à Mad. de Salvins & même à votre Eléve. Vous n'avez déja été que trop coupable. Hélas ! oui (répondit la Caran) je l'oubliois tout naturellement : il y a des fautes qu'il ſemble qu'on s'acharne à faire, & cependant c'eſt ſans y penſer ; écoutez-le Mademoiſelle, il vous parle bien vrai, & nous avons donné dans une belle chimere.

Lucide étonnée de tout ce diſcours levoit ſes yeux preſque éteints ſur ſa Bonne & ſur moi,

& ne prévoyant pas où cette conversation devoit nous conduire ; Chevalier (me dit-elle) je vous le repéte encore vous vivez, il me suffit de vous avoir vû. Cependant, comment êtes vous seul à cette heure dans mon appartement ? N'avez-vous point encore vû M. de Salvins ? La Bonne auroit-elle eu l'indiscrétion de vous faire entrer en secret ici ? Ce soupçon que vous venez de me faire naître, me fait trembler. Vous ne vous trompez point Mademoiselle (repris - je alors) ; c'est un crime que la démarche que j'ai faite en vous voyant ; mais l'état où je vous sçavois peut m'en justifier, si c'est le dernier qu'un malheureux penchant me fasse commettre. Ecoutez-moi bien, Lucide (continuai - je en m'asseiant près d'elle.) Je vous parlois à l'instant de mon état, il est affreux.

La nature a marqué par tout en caractères inéffaçables, ce qui devoit être honnête ou malhonnête pour les hommes; il n'y a selon cette nature que les vertus ou les vices personnels qui devroient entraîner après eux l'estime ou la flétrissure. Mais l'intérêt & le bien des sociétés ont dû chercher un supplément à ces loix dans les principes sur lesquels elles s'établissoient, & c'est dans ces secondes loix nécessaires que j'ai trouvé la honte dont je suis couvert. Pardonnez-moi les larmes que cet aveu m'arrache; elles sont justes, il est assez cruel. Si j'en crois ce que j'ai appris du mystére obscur de ma naissance, elle est le fruit d'un de ces amours téméraires, qui bravant toutes les loix établies ne peuvent produire rien que d'illégitime; les bontés de mon Pere & celles de ma famille ne m'ont point laissé ignorer qui il étoit ; mais la honte a sans doute étouffé la voix de ma Mere, je ne la connois point. Jugez à présent de ce que je dois à Monsieur & à Madame de Salvins : faites plus Lucide, jugez votre cœur. C'est un enfant méconnu, rejetté par les loix, auquel vous vous intéressez si vivement. Où pourroient vous conduire ces premiers sentimens de votre enfance, que la raison désavoue & que de sages refléxions doivent vous faire aisément dompter ? Lucide, songez à qui vous appartenez, & si quelque pitié pour moi vous touche, voyez de quelle ingratitude vous me couvririez envers mes Bienfaicteurs en vous refusant à la raison. Tous les chagrins que vous pourrez causer à Monsieur & à Madame de Salvins seront mes crimes....

Vous m'en ferez hair, Lucide, & je n'ai point de malheur plus grand à craindre.... Songez....

Les ſanglots de la Caran, les miens que j'étouffois avec peine, ceux que laiſſoit échapper Lucide, tout cela me coupa la parole & me rendit immobile un inſtant malgré moi. O mes enfans! (s'écria alors Mad. de Salvins qui ſortit d'un cabinet voiſin d'où elle avoit entendu tout ce que je venois de dire à ſa fille,) que vos larmes ont de pouvoir ſur moi! Chevalier(ajouta-t'elle en m'embraſſant) que votre vertu m'eſt chere! Et toi ma fille,que dois-je attendre de la tienne!Ah ma Mere (répondit Lucide en la tirant dans ſes foibles bras) oſerais-je jamais lever les yeux ſur vous? Oui ma fille, oui Lucide (repliqua ſa Mere) tu vas te rendre à la fois à tes devoirs & à ta Mere; que d'Erban ſoit ton modéle ; étouffe avec lui cet Amour qui feroit votre malheur commun. Ma fille je ne t'ordonne point de le hair, mais aime-le comme moi. Il eſt un ſentiment délicat & pur, le bonheur, la gloire, & la marque des ames honnêtes, le lien que fortifie le temps, loin de l'uſer, l'union que la honte & les remords n'empoiſonnent jamais c'eſt l'amitié. Voilà le nœud que je veux moi-même ſerrer entre vous. Sois l'amie de d'Erban, Lucide, il en eſt digne ; qu'il ſoit ton ami, qu'il ſoit le mien, & qu'on ne parle plus entre nous de ces mouvements indiſcrets du cœur, qui vous perdroient tous deux. Non je vous le jure ma Mere, (interrompit Lucide) non d'Erban (continua-t'elle en s'adreſſant à moi) : non je ne connoîtrai plus ces ſentimens qu vous condamnez vous-même, ils n'ont déja porté que trop de trouble au ſein de ma famille. Vous venez de me rendre cet effort aiſé, ma Mere, en me permettant d'avoir de l'amitié pour d'Erban. Oui, ce ſentiment ſeul me ſuffira.... & fera mon bonheur (interrompis-je) s'il m'eſt permis de parler, de penſer avec vous, comme ami, je ne demande plus rien aux Dieux. S'il vous eſt permis (reprit Mad. de Salvins) c'eſt moi qui vous y invite & qui vous en conjure. Je connois actuellement votre ame comme la mienne, Chevalier: mon eſtime eſt à vous. Vos devoirs vont vous ſeparer de Lucide, mais vous pouvez lui écrire; je veux même qu'elle vous réponde. Je verrai les lettres de l'un & de l'autre, & voilà tout ce qu'il me faut dans ces premiers moments où vous avez beſoin tous deux de quelqu'un qui retienne dans ses bornes l'amitié que vous venez de vous jurer mutuellement.

Oh, pour cela interrompit la Caran, avec une joye qui se peignoit sur tout son visage, voilà qui se passe à ravir ; cette amitié-là est bien trouvée & je voudrois de bon cœur l'avoir imaginée, quoique cela fasse honneur à Mad.... elle imagine tant d'autres choses.... Mais n'importe, je m'en rejouirai comme si elle étoit de moi. Mad. permettez donc à ces pauvres enfans de s'embrasser comme amis, ils en seront encore plus à leur aise. Je ne me deffie point de ma fille (répondit Mad. de Salvins)& je me fie tout-à-fait à d'Erban ; il peut ce qu'il voudra. Que vous m'aidez bien Mad. (interrompis-je) à ne point me deffier de moi ! alors je l'embraſſai elle-même avec toute la tendreſſe poſſible, & ſaiſiſſant enſuite une des mains de Lucide que je ſentis palpiter, & que je baiſai : noublions jamais (lui dis-je) que nos. cœurs ne peuvent plus s'ouvrir qu'à l'amitié. Nous reconnoîtrons tous deux les bontés de votre Mere en nous rappellant ſans ceſſe ce que nous venons de lui promettre: Adieu Lucide (ajoûtais-je) adieu Mad. adieu ma chere Caran, la nuit eſt prête à finir, il faut reprendre ma route, il faut m'éloigner de vous.

J'avois déja cotoyé les murs du jardin,& j'en ouvrois la porte pour regagner ma chaiſe, lorſque je ſentis quelqu'un qui s'oppoſoit à mon paſſage. Je frémis & reculai tout-à-coup à la voix de mon ennemi cruel qui me demanda vivement qui j'étois. Arrête (me dit-il) ou crains pour ta vie. Je voulus

voulus l'éviter à la faveur des ténébres, mais il me ſuivoit au bruit que je faiſois en me retirant. Il fallut parler, & je luis dis en déguiſant ma voix qu'il eût à me laiſſer ſortir, que j'avois près delà des gens qui ſçauroient bien me ſecourir s'il mettoit obſtacle à ma retraite. Je ne crains (répondit-il) ni toi ni les ſcélérats qui t'accompagnent. Alors voyant briller le fer dont il cherchoit à me percer en s'avançant: je fus obligé de lui oppoſer le mien, mais craignant de renouveller la ſcène fatale du boſquet, je me tins ſur la défenſive & tachant de gagner la porte qu'il avoit négligé de fermer après lui, ma main gauche dont je parcourois la muraille me la fit enfin trouver, & déja j'échappois aux pourſuites du frere de Lucide, lorſque je me ſentis percer d'un coup qui me fit tomber.

Je conservai pourtant assez de présence d'esprit pour me traîner tout sanglant du côté où j'avois laissé ma chaise, & j'y restai quelques instans immobile. Le jeune de Salvins étoit sorti furieux, & croiant ne m'avoir blessé que legérement, il imagina que j'avois pris la fuite. Il rentra dans le parc dont je l'entendis fermer la porte.

Aussi-tôt m'appuiant contre le mur, je parvins à me lever, & portant d'une main mon mouchoir sur ma blessure, & de l'autre me soutenant courbé sur mon épée, je gagnai ma chaise au moment où le reste de mes forces s'épuisoit entiérement. Je fus obligé de faire confidence à Forestier mon Valet, de l'état où je me trouvois pour qu'il m'aidât à mettre une espéce d'appareil à ma blessure. Ah ! mon cher Maître (me dit-il) j'aurai donc trouvé une occasion de vous témoigner combien je vous suis attaché. Ecartons-nous un peu je vous prie (ajoûta-t'il) : il ne faut pas que votre Postillon sache ce dont il s'agit. Alors m'entraînant à quelques pas il se deshabille, il déchire son linge, m'étend sur le sable & se précipite sur ma playe dont il veut attirer tout le sang. Que veux-tu faire ? (lui dis-je en le repoussant) vous mettre en état de gagner la premiére ville (me répondit-il) ; & peut-être moi seul vous sauver la vie. Osez-vous abandonner à moi, j'ai servi dans ma premiére jeunesse & j'ai fait l'heureuse épreuve du secret dont je vais faire usage : j'eus beau vouloir résister, il fallut ceder à sa tendresse & à son humanité.

Après m'avoir donné tous les secours qu'il crut nécessaires, il fit approcher ma voiture & nous arrivames après deux ou trois postes dans une petite ville détournée du chemin par lequel j'étois arrivé. Le premier soin de Forestier fut de me mettre au lit en me conjurant de ne point appeller d'autres Chirurgiens que lui, puisque je me sentois déja la respiration moins genée. Son zéle m'avoit inspiré toute la confiance qu'il demandoit, & je consentis à n'être vû de personne.

En quatre ou cinq jours au plus, je me trouvai presque entiérement retabli par ses soins. Je ne pouvois cependant calmer l'inquiétude où j'étois sur ce que le jeune de Salvins avoit pû penser de son avanture nocturne, & j'en dis assez à Forestier là-dessus pour détruire dabord dans son esprit le Roman qu'il bâtissoit à mon égard & pour l'engager à me pro pose de faire un voyage secret au châr teau de Salvins.

Comme il ne pouvoit pas y être connu, j'acceptai ſes offres, & déja je lui donnois les inſtructions que je jugeois néceſſaires à ſon voyage, lorſque je vis entrer dans ma chambre une femme qui cherchoit à cacher ſes traits & qui me fit ſigne d'éloigner mon domeſtique.

Dès que Foreſtier nous eut laiſſés ſeuls, quel fut mon étonnement de voir s'élancer dans mes bras la Caran toute en pleurs. M. le Chevalier.... M. le Chevalier... (dit-elle à pluſieurs repriſes & ſans pouvoir pourſuivre.) Quoi! c'eſt vous chere Caran (m'écriai-je en revenant de mon ſaiſiſſement.) Qui vous a conduite ici? Parlez, qu'avez-vous d'affreux à m'apprendre? Suis-je encore devenu plus malheureux? C'eſt bien nous (me répondit-elle) que vous avez rendues les plus infortunées du monde. Ah ! cette pauvre Madame de Salvins en quel état l'ai-je laissée ? Elle ne peut plus envisager son fils. Mon histoire seroit-elle connue ? (interrompis-je) elle ne l'est (répondit la Caran) que de Madame & de moi. Son fils qui vous rencontra n'a par bonheur aucun soupçon, il croit n'avoir trouvé qu'un misérable, qu'un voleur à la porte du parc ; mais avec quel orgueil a-t'il parlé de son combat ! Dans quelle douleur jetta-t'il sa Mere par le funeste recit qu'il lui en fit le lendemain. Le Traitre m'a échappé (lui disoit-il) ; mais il doit être dangereusement blessé, & sans doute il est allé terminer sa vie dans quelque forêt voisine : quelque effort que se fit ma bonne Maîtresse (continua la Caran) elle ne put soutenir l'horreur de ce recit, & fit retirer son fils pour s'abandonner à sa douleur.

Elle m'envoya appeller pour pouvoir s'en entretenir avec quelqu'un ; & malheureusement je n'étois pas faite pour la consoler ; je ne peux que partager les peines des autres : voilà tout le reméde que j'y sçais, & puis c'étoit un peu les miennes par l'interêt que je prends à tout cela. Nous nous noyames donc dans nos pleurs en répétant sans cesse qu'est-ce qu'il sera devenu ? Auroit-il perdu la vie ? Ah malheureux d'Erban ! Et puis là-dessus de repleurer encor plus fort comme vous l'imaginez bien. Cependant je m'avisai de dire, mais si votre fils ne l'avoit point blessé comme il le croit, le Cruel a-t'il voulu m'en laisser douter ? (me répondit Mad. de Salvins) & ne m'a-t'il pas montré son épée encore toute sanglante ? Ah ! bon Dieu (m'écriais-je) cela eſt affreux ; mais il ne l'aura peut-être pas bleſſé dangereuſement. Il faudroit découvrir où ce pauvre d'Erban a pû aller chercher du ſecours. S'il a perdu du ſang on pourra avec quelque attention en découvrir la trace qui conduira néceſſairement juſqu'à l'endroit où il avoit laiſſé ſa chaiſe, & de-là il ſera encore moins difficile de ſuivre le chemin qu'il a pris.

Cet avis eut le bonheur de plaire à Mad. de Salvins, elle m'embraſſa pluſieurs fois avec tranſport & Dubois ſon valet de chambre qui lui étoit fort attaché partit ſur le champ. Elle ne voulut cependant pas qu'il ſçût qui vous êtiez, & il n'eut ordre que de découvrir en quel endroit s'étoit arrêtée votre voiture.

Deux jours après il revint, & nous apprit que vous êtiez ſûrement dans ce bourg. C'étoit ſur moi que Mad. de Salvins avoit jetté les yeux pour ce qu'elle méditoit, & ſous un prétexte aſſez vraiſemblable je partis dès le lendemain. Tenez M. le Chevalier (ajouta la Caran) voilà ſa lettre, ſi votre état vous permet de lui répondre, ne perdez point de tems, il faut que je reparte auſſitôt.

J'ouvris avec empreſſement cette Lettre que je garde encor, & que je vais tranſcrire ici.

LETTRE
DE MADAME DE SALVINS
AU
CHEVALIER D'ERBAN.

C'EST à présent Chevalier que ce que j'ai fait pour conserver la vie à Lucide me paroît moins innocent que jamais. Ces mouvemens de tendresse & de pitié qui partent de notre cœur ne peuvent donc que nous égarer ? Je ne puis vous peindre l'état affreux où je suis, depuis que m'on fils m'a fait trembler pour vos jours. Rassurez-moi d'Erban sur vos dangers & sur mes craintes, ma douleur va m'arracher la vie si vous ne me donnez quelque esperance.

Les yeux encor baignés des larmes que j'avois versées en lisant cette lettre, je me fis apporter ce qu'il falloit pour écrire à Mad. de Salvins, & je remis ma réponse à la Caran qui avoit ordre de faire la plus grande diligence qu'elle pourroit. Je l'arrêtai cependant un instant pour lui demander comment il avoit pû se faire que j'eusse trouvé le jeune Salvins seul à la porte du parc à une heure si indue. Hélas! (me répondit-elle) c'est encor une autre histoire bien cruelle pour mes chers Maîtres. Le Ciel les éprouve trop; mais on dit qu'il en agit ainsi avec les plus honnêtes gens, & Dieu soit loué de tout. De quelque façon que s'y soit pris Monsieur le Marquis, il n'a pû déterminer son fils au choix d'un état, il ne veut rien faire. Il y a tout auprès de chez nous un gentilhomme bien indigne de ce titre, qu'aucun de ses voisins ne veut voir à cause de tous ses vices. Ne faut-il pas que ce Gentilhomme-là ait justement une fille assez jolie? Le petit Salvins la vûe, il en est amoureux & la demandée en mariage. Vous jugez bien de la colere où cette proposition a mis son Pere. Eh bien il ne cesse pas de la voir sans cesse & à toute heure; car cette belle fille là n'a guére plus de honte que ses Parens, & il n'y a pas le moindre Paysan de son village qui ne dise que mon jeune Maître n'est pas le dixiéme qu'elle ait si bien reçu. Il venoit de chez elle lorsqu'il vous rencontra, il n'y a pas de doute à cela, quoiqu'il l'ait voulu nier lorsque sa Mere le lui dit. Voilà M. le Chevalier (ajoûta la Caran) ce que vous ne pouviez pas sçavoir, & ce qui n'est que trop vrai. Vous voyez bien qu'il n'y a pas de Mere plus à plaindre que Mad. de Salvins. Je vais la rejoindre & lui porter au moins de bonnes nouvelles de ſon cher d'Erban ; car elle vous aime que cela n'eſt pas croiable, quoique peut-être il ne faudroit pas qu'elle vous aimât ſi fort. Cependant à tout prendre, vous lui avez rendu ſa fille, dont la ſanté ſe répare à vûe d'œil depuis que vous êtes venu la voir. Cela vaut beaucoup n'eſt-ce pas ? Allez ma chere Caran (lui répondis-je) allez témoigner à Mad. de Salvins toute la reconnoiſſance dont je ſuis pénétré pour elle ; & ſurtout n'oubliez jamais auprès de Lucide que nous ne devons plus avoir l'un pour l'autre que de la ſimple amitié. Vous êtes donc bien ſûr (repliqua la Bonne) de n'avoir promis que ce que vous pouviez tenir. Il faut du moins l'eſperer (répondis-je) & tout mettre en uſage pour en venir à bout. Allons M. le Chevalier (reprit-elle) nous tenterons donc auſſi de notre côté, vous ne ſerez plus que notre ami, nous ne ſerons plus comme autrefois votre petite femme. Voilà qui eſt arrêté, c'eſt un nouveau bail que nous avons fait & c'eſt à nous de bien tenir le marché quoiqu'il y ait beaucoup à perdre. Vous vous trompez Caran (repliquai-je) j'y gagne l'eſtime & l'amitié de Mad. de Salvins, nous y gagnons vous & moi de n'être plus coupables & de ne plus porter le titre odieux de Séducteurs; de Séducteurs (interrompit-elle) mais cela eſt affreux. J'aurois été une Séductrice moi, qui ne voudrois pas tromper un enfant? Allez (dis-je) & n'offrez jamais à mon ame les idées plus flatteuſes dont elle s'enyvroit dans ſon égarement. C'eſt donc cela que je faiſois encor ſans y penſer ? (reprit la Caran) il faut qu'il y ait un ſort ſur moi comme ſur ma pauvre Lucide ; car je n'ai que trop vû qu'elle promettoit auſſi bien que vous plus qu'elle ne pouvoit. Encor ? (Repliquai - je) : ah ! c'en eſt aſſez. Adieu Caran, adieu. Laiſſez-moi je vous en conjure. Adieu donc (me dit-elle en m'embraſſant étroitement.) Adieu M. d'Erban, puiſſai-je vous voir encor ; mais vous voir plus heureux.

Dès qu'elle fut partie je me vis en état de retourner au Port-Louis, où je ſçavois que nous ne devions pas reſter long-temps. Foreſtier m'aſſura que la voiture ne pouvoit plus m'imcommoder & j'y arrivai en effet avec une auſſi bonne ſanté que celle que j'avois lorſque j'en étois parti par les ordres de Madame de Salvins, mais avec une agitation d'eſprit qui ne me laiſſoit aucun repos.

Fin de la premiére Partie.

www.ingramcontent.com/pod-product-compliance
Ingram Content Group UK Ltd.
Pitfield, Milton Keynes, MK11 3LW, UK
UKHW020915180726
13838UKWH00002B/569